Stand Upright of Northeast Asian Ancient History

동북아고대사정립
東北亞古代史正立
4

서문(序文)

학설 201)

　　AD 668년, 고구려(高句麗) 멸망 후, 당(唐)은 낙랑(樂浪) 땅과 장수왕평양성(長壽王平壤城)의 위치를 왜곡하기 위해 장수왕평양성(長壽王平壤城)을 요동군고성(遼東郡故城)으로 개칭했는데 현(現) 요하(遼河) 서쪽 낙랑(樂浪) 땅을 요동(遼東) 땅으로 탈바꿈 시키기 위해서이다.

학설 202)

　　AD 668년, 고구려(高句麗) 멸망 후, 당(唐)은 한반도 대동강(大同江) 유역을 낙랑(樂浪) 땅으로 왜곡하기 위해 고구려(高句麗) 3경(京) 중 하나인 한반도 대동강(大同江) 한성(漢城)을 장수왕평양성(長壽王平壤城)으로 개칭했다.

학설 203)

　　AD 668년, 고구려(高句麗) 멸망 후, 당(唐)은 고구려압록수(高句麗鴨淥水)를 마자수(馬紫水)로 개칭했다.

　　이때 마자수(馬訾水)의 '訾'를 '紫'로 바꾸었다.

학설 204)

　　고중국(古中國)의 학자들 또한 삼국사기(三國史記)의 편찬자인 김부식(金富軾)과 마찬가지로 동천왕평양성(東川王平壤城)의 존재에 대해 알지 못했다.

학설 205)

　　두우(杜佑)는 당(唐)이 역사 왜곡을 위해 만든 사료를 통전(通典)에 반영했다.

　　'요동(遼東) 남쪽 천여리(千餘里) 지점에 평양성(平壤城)이 있다'는 통전(通典)의 기록에서 평양성(平壤城)은 한반도 대동강(大同江) 한성(漢城)을 지칭한다.

학설 206)

　　두우(杜佑)는 '안동도호부(安東都護府) 남쪽 천여리(千餘里) 지점에 평양성(平壤城)이 있다'는 안동도호부(安東都護府)가 남긴 사료를 보고 통전(通典)에 '요동(遼東) 남쪽 천여리(千餘里) 지점에 평양성(平壤城)이 있다'는 기록을 남겼다.

> 학설 207)

두우(杜佑)의 오인은 '한반도 북쪽이 요동(遼東) 땅'이라는 오해를 갖도록 만들었다.

만리장성동단(萬里長城東端)은 반드시 요동(遼東) 땅에 있어야 한다는 전제 때문에, 화이도(華夷圖)와 같은 역사지도에는 '상상의 만리장성'이 한반도 북쪽까지 그려져 있다.

하지만 만리장성동단(萬里長城東端)은 현(現) 난하(灤河) 서쪽에 위치한다.

> 학설 208)

당(唐)의 역사 왜곡으로, 예맥(濊貊) 땅 서부 지역을 상징하는 마자수(馬訾水)는 '訾'가 '紫'로 바뀌며 예맥(濊貊) 땅 중부 지역으로 이동하였다.

이후 명(明)의 역사 왜곡으로, 마자수(馬紫水)는 한차례 더 동쪽으로 이동하여, 예맥(濊貊) 땅 동부 지역의 남쪽 경계인 현(現) 압록강(鴨綠江)의 별칭이 되었다.

> 학설 209)

당(唐)의 역사 왜곡은 두우(杜佑)의 오인을 야기시켰으며, 두우(杜佑)는 예맥(濊貊) 땅 중부 지역에 위치한 현(現) 요양시(遼陽市)를 요동(遼東)이라고 기록했다.

명(明) 시기, 명(明)의 역사 왜곡으로 두우(杜佑)의 기록은 진실로 바뀌었으며, 오인의 결과물이 사실로 굳어지는 역사의 아이러니가 발생했다.

> 학설 210)

AD 676년, 당(唐)은 첫 번째 안동도호부(安東都護府)가 설치된 현(現) 요양시(遼陽市)에서 서북쪽으로 물러나 현(現) 요하(遼河) 서쪽 낙랑(樂浪) 땅에 위치한 장수왕평양성(長壽王平壤城)에 두 번째 안동도호부(安東都護府)를 설치했다.

> 학설 211)

AD 676년, 현(現) 요하(遼河) 서쪽으로 물러난 안동도호부(安東都護府)는 AD 699년까지 총 23년 동안 장수왕평양성(長壽王平壤城)과 신성(新城)에서 고구려(高句麗)의 영토 가운데 현(現) 요하(遼河) 서쪽 땅을 통치했다.

> 학설 212)

AD 698년, 발해국(渤海國)이 현(現) 요하(遼河) 동쪽에서 건국되었으며, 안동도호부(安東都護府)가 설치되었던 현(現) 난하(灤河)와 요하(遼河) 사이에 장수왕평양성(長壽王平壤城)과 신성(新城)은 발해국(渤海國)의 영토로 편입되었다.

낙랑(樂浪) 땅은 고려(高麗)가 아닌 발해국(渤海國)의 영토로 승계되었다.

> 학설 213)

요(遼) 동경요양부(東京遼陽府)의 영토는 서쪽으로 현(現) 난하(灤河) 서쪽 의무려산(醫巫閭山)까지이며, 동쪽으로는 현(現) 요하(遼河) 유역에 이른다.

따라서 요사지리지(遼史地理志) 동경요양부(東京遼陽府) 편에는, 현(現) 난하(灤河) 유역을 지배했던 고조선(古朝鮮)·한(漢)·공손씨(公孫氏)·위(魏)·진(晉)·모용선비(慕容鮮卑)·고구려(高句麗)·발해국(渤海國)에 관한 역사가 기록되어 있다.

> 학설 214)

장수왕평양성(長壽王平壤城)은 전한낙랑군패수(前漢樂浪郡浿水)의 발원지인 한(漢) 낙랑군(樂浪郡) 패수현(浿水縣)을 승계한 요(遼) 동경요양부(東京遼陽府) 요양현(遼陽縣) 내에 위치한다.

고조선(古朝鮮)의 수도 왕험성(王險城)은 장수왕평양성(長壽王平壤城) 서남쪽에 인접해 있다.

> 학설 215)

현(現) 난하(灤河) 동쪽 360리(里) 지점에 위치한 장수왕평양성(長壽王平壤城)을 기준으로 남쪽 바다까지의 거리는 860리(里) 전후이며, 서북쪽으로 300리(里) 전후 지점에 고구려(高句麗) 요동성(遼東城)이 위치하고, 동쪽으로 620리(里) 전후 지점에 현(現) 요하(遼河)가 흐르는데, 요하(遼河) 동쪽 현(現) 요양시(遼陽市) 보장왕평양성(寶臧王平壤城)까지는 800리(里)이다.

> 학설 216)

고구려(高句麗) 안시성(安市城)이 위치한 곳은 장수왕평양성(長壽王平壤城) 서남쪽 60리(里) 지점이며, 안시성(安市城)은 왕험성(王險城)을 승계한 성(城)이다.

고조선(古朝鮮)의 수도 왕험성(王險城), 즉 고구려(高句麗) 안시성(安市城)은 현(現) 난하(灤河) 동쪽 300리(里) 지점에 위치한다.

> 학설 217)

가탐도리기(賈耽道里記)에 기록된 안동도호부(安東都護府)는 대요수(大遼水) 동쪽 360리(里) 지점의 요양성(遼陽城)과 동일한 위치이다.

요양성(遼陽城) 서북쪽 680리(里) 지점에 당(唐) 영주(營州)가 위치하며, 당(唐) 영주(營州)와 대요수(大遼水) 간 거리는 280리(里) 전후이다.

> 학설 218)

'대요수(大遼水)가 현(現) 요하(遼河)'라면, 당(唐) 기준척(基準尺)으로 대요수(大遼水) 동쪽 360리(里) 지점에 위치한 요양성(遼陽城)은 현(現) 요령성(遼寧省) 동쪽 경계에 위치해야 한다.

따라서 '대요수(大遼水)는 현(現) 요하(遼河)이고, 요양성(遼陽城)은 현(現) 요양시(遼陽市)에 위치한다'는 한중일학계(韓中日學界)의 통설(通說)은 사실과 다르다.

> 학설 219)

가탐(賈耽)은 '대요수(大遼水)가 현(現) 난하(灤河)'라는 전제에서 도리기(道里記)를 저술했다. '요양성(遼陽城) 동남쪽 800리(里) 지점에 평양성(平壤城)이 있다'는 가탐(賈耽)의 기록은 '현(現) 난하(灤河) 동쪽 1,160리(里) 지점인 현(現) 요양시(遼陽市)에 보장왕평양성(寶臧王平壤城)이 있다'는 주장과 다를 바 없다.

> 학설 220)

당(唐) 영주(營州)는 현(現) 난하(灤河) 서쪽 280리(里) 전후 지점에 위치한다.

당(唐) 영주(營州) 동남쪽 1,480리(里) 지점에 위치한 보장왕평양성(寶臧王平壤城)은 현(現) 요양시(遼陽市) 내에 위치한다.

> 학설 221)

AD 598년, 고구려(高句麗)와 접한 신라(新羅)의 서북쪽 국경은 현(現) 예성강(禮成江)이다.

> 학설 222)

9개의 군(郡)을 통솔한 통일신라(統一新羅) 명주(溟州)의 치소는 현(現) 함경남도(咸鏡南道) 내에 위치했다.

> 학설 223)

AD 598년, 고구려(高句麗)와 접한 신라(新羅)의 동북쪽 국경은 진흥왕순수비(眞興王巡狩碑)가 세워진 황초령(黃草嶺)과 마운령(摩雲嶺)이다.

> 학설 224)

당(唐) 영주(營州)로 승계된 수(隋) 요서군(遼西郡)의 동쪽 국경은 고조선(古朝鮮) 멸망 후 새롭게 설정된 요서(遼西)와 요동(遼東) 간 경계인 의무려산(醫巫閭山)이었다.

AD 612년, 수양제(隋煬帝)는 의무려산(醫巫閭山)과 현(現) 난하(灤河) 간 고구려(高句麗)의 영토를 빼앗아 그곳에 수(隋) 요동군(遼東郡)과 통정진(通定鎭)을 설치했다.

> 학설 225)

광개토대왕의 치세부터 AD 612년까지, 고구려(高句麗)의 서쪽 국경은 현(現) 난하(灤河) 서쪽 의무려산(醫巫閭山)이었으며, 고구려(高句麗)가 현(現) 난하(灤河) 유역을 지배했다.

> 학설 226)

요(遼) 난주(灤州) 석성현(石城縣)으로 승계된 당(唐) 평주(平州) 임유현(臨渝縣)은, 현(現) 난하(灤河) 서쪽에 인접해 있던 첫 번째 임유현(臨渝縣)이 아니라, 현(現) 조백하(潮白河) 동쪽에 인접해 있던 두 번째 임유현(臨渝縣)이다.

> 학설 227)

당(唐) 경사(京師)에서 4,269리(里) 지점에 장수왕평양성(長壽王平壤城)이 위치하며, 보장왕평양성(寶臧王平壤城)은 5,069리(里) 지점에 위치한다.

> 학설 228)

당(唐) 영주(營州) 동남쪽 680리(里) 지점의 요양성(遼陽城)을 기준으로, 동남쪽 800리(里)는 현(現) 요양시(遼陽市)이며, 동북쪽 1,500리(里)는 발해국(渤海國) 왕성(王城)이다.

가탐도리기(賈耽道里記)의 거리 기록을 수학적으로만 판단한다면 '발해국(渤海國) 왕성(王城)은 흑룡강성(黑龍江省) 하얼빈시(哈爾濱市)에 위치한다'는 추론이 합리적이다.

> 학설 229)

현(現) 난하(灤河) 서쪽 당(唐) 영주(營州)와 현재의 평양 간 거리는 당(唐) 기준척(基準尺)으로 2,480여 리(里)였다.

> 학설 230)

당(唐)의 세 번째 안동도호부(安東都護府)인 고구려(高句麗) 신성(新城)은 고구려(高句麗) 건국지인 예맥(濊貊) 땅 중부 지역에 위치하였으며, 고구려(高句麗) 3경(三京) 중 하나인 국내성(國內城)에 인접해 있었다.

> 학설 231)

당(唐)이 장수왕평양성(長壽王平壤城)에서 신성(新城)으로 안동도호부(安東都護府)를 옮긴 이유는, 낙랑(樂浪) 땅에 위치한 장수왕평양성(長壽王平壤城)에서는 예맥(濊貊) 땅 서부 지역과 중부 지역을 통치하기 어려웠기 때문이다.

> 학설 232)

말갈(靺鞨)은 예맥(濊貊) 땅 북쪽에 접해 있던 부여국(夫餘國)과 읍루(挹婁)의 영토에 거주했으며, 서쪽으로 몽골 고원을 장악한 돌궐(突厥)과 접해 있었다.

> 학설 233)

정사서(正史書)에 기록된 고구려(高句麗)와 요(遼)의 영토를 비교해 보면 남북으로는 2,000리(里)로 같았으며, 동서로는 3,100리(里)인 고구려(高句麗)가 3,000리(里)인 요(遼)보다 조금 더 길었기 때문에 고구려(高句麗)의 영토는 요(遼)보다 더 넓었다.

> 학설 234)

AD 598년, 의무려산(醫巫閭山)과 현(現) 난하(灤河) 간 거리는 190리(里) 전후이며, 당시 고구려(高句麗) 영토의 동서 길이는 당(唐) 기준척(基準尺)으로 3,290리(里) 전후이다.

의무려산(醫巫閭山)과 현(現) 요하(遼河) 간 거리는 1,210리(里) 전후이다.

> 학설 235)

현(現) 난하(灤河)와 요하(遼河) 간 거리는 당(唐) 기준척(基準尺)으로 1,020리(里) 전후이며, 요하(遼河)에서 연해주(沿海州) 동해 바다까지 거리는 2,080리(里) 전후이다.

> 학설 236)

가탐도리기(賈耽道里記)에 기록된 '박작성(泊汋城)에 인접해 있는 압록강(鴨淥江)'은 현(現) 요하(遼河)이다.

> 학설 237)

한위낙양고성(漢魏洛陽故城)과 현(現) 난하(灤河) 간 수레가 다닐 수 있는 2,000년 전 고대도로가 자동차가 다니는 현대적인 도로로 개선되면서 현대도로의 길이는 고대도로의 길이에 비해 30% 정도 단축되었다.

후한(後漢) 기준척(基準尺)으로 낙양(洛陽) 동북 3,300리(里)는 되어야 현(現) 난하(灤河)에 인접할 수 있다.

> 학설 238)

낙양(洛陽) 동북 3,200리(里) 지점의 상곡군(上谷郡) 치소 및 낙양(洛陽) 동북 3,300리(里) 지점의 요서군(遼西郡) 치소와 수학적으로 비교해볼 때 낙양(洛陽) 동북 3,600리(里) 지점에 위치한 요동군(遼東郡) 치소는 현(現) 하북성(河北省)을 벗어날 수 없다.

> 학설 239)

 현(現) 요양시(遼陽市)와 한위낙양고성(漢魏洛陽故城) 간 거리 기록이 후한(後漢) 기준척(基準尺)으로 5,000리(里)는 되어야 '두 지점 간 현대도로의 길이가 고대도로에 비해 31% 단축되었다'는 합리적인 데이터를 근거로 양평현(襄平縣)을 요양시(遼陽市)로 비정하는 것이 가능하다.

 따라서 낙양(洛陽) 동북 3,600리(里)에 불과한 양평현(襄平縣)이 현(現) 요양시(遼陽市)로 승계되었다는 통설(通說)과 양평현(襄平縣) 서쪽에서 흐르는 대요수(大遼水)가 현(現) 요하(遼河)라는 비정은 모두 정사서(正史書)의 거리 기록을 감안하지 않은 잘못된 결론이다.

> 학설 240)

 '한(漢) 양평현(襄平縣)은 현(現) 요양시(遼陽市)에 위치했다'는 명제를 '고대도로 단축률 연구'에서 대입한 결과, '현(現) 한위낙양고성(漢魏洛陽故城)과 한(漢) 양평현(襄平縣) 간 2,000년 전 고대도로가 현대도로로 바뀌면서 4.2% 단축되었다'는 결과는 불가능하기 때문에 명제는 거짓이다.

 한(漢) 양평현(襄平縣)이 현(現) 요양시(遼陽市)에 위치했을 가능성은 수학적으로 불가능하다.

> 학설 241)

 '후한(後漢) 기준척(基準尺)으로 한위낙양고성(漢魏洛陽故城) 동북 5,188리(里) 지점에 위치한 임둔군(臨屯郡) 치소 동이현(東暆縣)은 현(現) 요하(遼河) 하류 유역에 위치했다'는 비정은 수학적으로 가능하다.

> 학설 242)

 '후한(後漢) 기준척(基準尺)으로 한위낙양고성(漢魏洛陽故城) 동북 6,690리(里) 지점에 위치한 진번군(眞番郡) 치소 잡현(霅縣)은 한반도 북부 지역에 위치했다'는 비정은 수학적으로 가능하다.

> 학설 243)

 당(唐) 시기, 탁주(涿州) 치소와 평주(平州) 치소 간 거리는 250리(里)이다.

 탁주(涿州)를 거쳐가는 1,730리(里) 여정이 현(現) 낙양성(洛陽城)과 평주(平州) 간 가장 빠른 여정이었다.

> 학설 244)

당(唐) 시기, 현(現) 낙양성(洛陽城)에서 하북평원(河北平原)을 가로질러 평주(平州)에 이르는 고대도로의 길이는 현(現) 낙양성(洛陽城)에서 탁주(涿州)를 거쳐 평주(平州)에 이르는 고대도로의 길이보다 170리(里) 더 길었다.

> 학설 245)

당(唐) 시기, 현(現) 서안성(西安城)과 낙양성(洛陽城)에서 계성(薊城)에 이르는 가장 빠른 여정은 두 경우 모두 탁주(涿州)를 경유했다.
당(唐) 시기, 탁주(涿州)와 계성(薊城) 간 거리는 120리(里)였다.

> 학설 246)

구당서지리지(舊唐書地理志)의 낙양(洛陽)에서 1,600리(里) 지점에 위치한 계성(薊城)은, 후한서군국지(後漢書郡國志)의 낙양(洛陽)에서 2,300리(里) 지점에 위치한 우북평군(右北平郡) 치소 우북평성(右北平城)을 승계한 성(城)이다.

> 학설 247)

현(現) 낙양성(洛陽城)에서 후한(後漢) 우북평군(右北平郡) 우북평성(右北平城)에 이르는 도로의 길이는, 2,000년 전에는 978.2km, 1,200년 전에는 895.7km 였으며, 현재는 782km이다.

> 학설 248)

진(秦) 왕조(王朝)를 멸망시킨 항우(項羽)가 설치한 요동국(遼東國)의 수도 무종성(無終城)은, 후한(後漢) 기준척(基準尺)으로 후한(後漢) 우북평군(右北平郡) 우북평성(右北平城)에서 서북쪽으로 130리(里) 떨어진 지점에 위치하며, 현(現) 북경시(北京市) 서남부에 해당한다.

> 학설 249)

당(唐) 시기, 규주(嬀州)와 탁주(涿州) 간 거리는 최소 430리(里)로 기록되어 있다.
그러나 거용새(居庸塞) 서북쪽 50리(里) 지점에 위치한 규주(嬀州)와, 거용새(居庸塞) 동남쪽에 위치한 탁주 간의 현대도로 거리는 이보다 훨씬 짧다.
이러한 사례에서 알 수 있듯, 산악지대를 통과한 고대도로의 경우, 사료에 기록된 거리는 동일 구간의 현대도로보다 훨씬 길었다.

학설 250)
  '당(唐) 평주(平州) 노룡현(盧龍縣)은 현(現) 노룡현(盧龍縣)에 위치했다'는 명제를 '고대도로 단축률 연구'에서 대입한 결과, '탁주(涿州)와 당(唐) 평주(平州) 노룡현(盧龍縣) 간 1,200년 전 고대도로가 현대도로로 바뀌면서 오히려 2.086배로 더 길어졌다'는 결과는 불가능하기 때문에 명제는 거짓이다.
  현(現) 진황도시(秦皇島市) 내에 위치한 노룡현(盧龍縣)이 당(唐) 평주(平州) 노룡현(盧龍縣)일 가능성은 수학적으로 불가능하다.

학설 251)
  '고대도로 단축률 연구'에서 당(唐) 평주(平州) 노룡현(盧龍縣)을 현(現) 노룡현(盧龍縣)으로 대입한 결과, '현(現) 서안성(西安城)과 당(唐) 평주(平州) 노룡현(盧龍縣) 간 1,200년 전 고대도로가 현대도로로 바뀌면서 12.7% 단축되었다'는 결과는 불가능하다.
  따라서 진황도시(秦皇島市) 내에 위치한 현(現) 노룡현(盧龍縣)이 당(唐) 평주(平州) 노룡현(盧龍縣)일 가능성은 수학적으로 불가능하다.

학설 252)
  요(遼) 연경(燕京)은 당(唐) 기준척(基準尺)으로 현(現) 낙양성(洛陽城) 동북 1,684리(里) 지점에 위치한다.

학설 253)
  요(遼) 연경(燕京)에서 당시의 고북구(古北口)를 거쳐 중경(中京)에 이르는 여정은 당시의 송정관(松亭關)을 거쳐 중경(中京)에 이르는 여정보다 짧았다.
  고중국(古中國) 사서(史書)의 거리 기록을 수학적으로 분석한 결과, 요(遼) 중경(中京)은 연경(燕京) 북쪽에서 살짝 동쪽으로 기운 방향에 위치한다.

학설 254)
  옛 고북구(古北口)에서 190리(里) 떨어진 유하관(柳河館)은, 명장성(明長城) 남쪽에 위치하며, 북경시(北京市) 내 조백하(潮白河)가 흐르는 지역에 해당하는 요(遼) 택주(澤州)에 속했다.

학설 255)
  요(遼) 택주(澤州) 북동부의 산악지대에 명장성(明長城)이 축성되었다.
  택주(澤州) 북동쪽에 접한 중경(中京)의 직할지는, 북경시(北京市) 동북부 산악지대를 지나 위치한 현(現) 승덕시(承德市) 서남부 지역에 해당한다.

> 학설 256)

상거란사(上契丹事)에 기록된 타조부락관(打造部落館)과 중경대정부(中京大定府)는 옛 송정관(松亭關) 정북(正北)에서 서쪽에 위치한다.

옛 송정관(松亭關)은 천진시(天津市) 북부 지역에 위치하기 때문에 타조부락관(打造部落館)과 중경대정부(中京大定府)는 현(現) 난하(灤河) 동쪽에 위치할 수 없다.

> 학설 257)

요(遼) 중경(中京)은 당(唐) 영주(營州) 서남쪽 276 리(里) 지점에 위치한다.

당(唐) 영주(營州)는 현(現) 난하(灤河) 서쪽에 위치하므로, 요(遼) 중경(中京) 또한 현(現) 난하(灤河) 서쪽에 위치한다.

> 학설 258)

'고대도로 단축률 연구'에서 요(遼) 중경(中京)과 상경(上京)을 현(現) 영성현(寧城縣)과 파림좌기(巴林左旗)로 대입한 결과, '2021년, 구글(Google) 최단거리도로(最短距離道路)의 길이가 고대도로의 1.035배'라는 결과는 불가능하다.

따라서 요(遼) 중경(中京)과 상경(上京)이 각각 현(現) 영성현(寧城縣)과 파림좌기(巴林左旗)일 가능성은 수학적으로 불가능하다.

> 학설 259)

'고대도로 단축률 연구'에서 낙양성(洛陽城)과 중경(中京) 간 모델에 현(現) 영성현(寧城縣)을 대입한 결과, '구글(Google) 최단거리도로(最短距離道路)의 길이가 고대도로 대비 17.0% 단축되었다'는 결과는 불가능하다.

따라서 '현(現) 영성현(寧城縣)에 요(遼) 중경(中京)이 위치했다'는 한중일학계(韓中日學界)의 통설(通說)은 수학적으로 불가능하다.

> 학설 260)

'고대도로 단축률 연구'에서 낙양성(洛陽城)과 상경(上京) 간 모델에 현(現) 파림좌기(巴林左旗)를 대입한 결과, '구글(Google) 최단거리도로(最短距離道路)의 길이가 고대도로 대비 18.6% 단축되었다'는 결과는 불가능하다.

따라서 '현(現) 통요시(通遼市) 파림좌기(巴林左旗)에 요(遼) 상경(上京)이 위치했다'는 한중일학계(韓中日學界)의 통설(通說)은 수학적으로 불가능하다.

목차

第 16 章 당(唐)의 역사 왜곡과 두우(杜佑)의 오인   15

   第 1 節   연구 범위 및 구성   18

   第 2 節   괄지지(括地志)와 통전(通典)의 기록 연구   19

   第 3 節   안동도호부(安東都護府)에 관한 기록 연구   35

   第 4 節   안티(anti) 두우(杜佑) 표(表)   52

   第 5 節   안티(anti) 두우(杜佑) 표(表) 검증   54

   第 6 節   안티(anti) 두우(杜佑) 표(表)를 검증한 결과   58

   참고문헌   59

第 17 章 수(隋)·당(唐)과의 전쟁 직전 고구려(高句麗) 영토고표(領土考表)   61

   第 1 節   연구 범위 및 구성   62

   第 2 節   한반도 내 고구려(高句麗) 남쪽 국경   65

   第 3 節   고구려(高句麗) 서쪽 국경   69

   第 4 節   고구려(高句麗)의 영토   74

   第 5 節   고구려(高句麗) 영토고표(領土考表) 완성본(完成本)   88

   참고문헌   89

第 18章 후한서군국지(後漢書郡國志)의 거리 기록 연구   91

    第 1 節   연구 범위 및 구성   93

    第 2 節   한(漢) 상곡군(上谷郡) 저양현(沮陽縣)의 위치 연구   95

    第 3 節   한(漢) 요동군(遼東郡) 양평현(襄平縣)의 위치 연구   106

    第 4 節   임둔군(臨屯郡)과 진번군(眞番郡)의 위치 연구   110

    第 5 節   후한서군국지(後漢書郡國志)와 무릉서(茂陵書)의 연구 결과   114

    참고문헌   115

第 19章 당(唐) 평주(平州) 노룡현(盧龍縣)의 위치 연구   117

    第 1 節   연구 범위 및 구성   119

    第 2 節   구당서지리지(舊唐書地理志)의 기록 연구   120

    第 3 節   구당서지리지(舊唐書地理志)의 기록 연구 검증   136

    第 4 節   구당서지리지(舊唐書地理志)의 거리 기록을 연구한 결과   140

    참고문헌   141

第 20章 요(遼) 중경(中京)과 상경(上京)의 위치 연구   143

    第 1 節   연구 범위 및 구성   144

    第 2 節   상거란사(上契丹事)와 설영기(薛映記)의 기록 연구   146

    第 3 節   상거란사(上契丹事)와 설영기(薛映記)의 기록 연구 검증   161

    第 4 節   요(遼) 중경(中京)과 상경(上京)의 위치 연구 결과   164

    참고문헌   165

동북아고대사정립(東北亞古代史正立) 4를 마치며   166

第16章

논문(論文)
당(唐)의 역사 왜곡과 두우(杜佑)의 오인

당(唐)의 역사 왜곡과 두우(杜佑)의 오인

한중일학계(韓中日學界)의 통설(通說)에 의하면

> 진개(秦開)의 동정(東征) 이후, 고조선(古朝鮮) 서북방 한계는 현(現) 요하(遼河) 동쪽 패수(浿水)이며, 고구려(高句麗) 서북방 한계는 현(現) 요하(遼河) 유역이다.
> 고조선(古朝鮮)의 낙랑(樂浪) 땅과 고구려(高句麗)의 예맥(濊貊) 땅은 모두 현(現) 요하(遼河) 동쪽에 위치한다.

고조선(古朝鮮)과 고구려(高句麗)의 영토에 관한 한중일학계(韓中日學界)의 통설(通說)은 동북아고대사정립(東北亞古代史正立) 1 ~ 3에 의해 논파되었다.

하지만 한중일학계(韓中日學界)의 통설(通說)은 600년 넘게 이어져 왔고, 이를 뒷받침하는 관련 연구도 많이 축적되어 있다.

따라서 학계에서 권위가 높은 학자일수록 통설(通說)이 논파되었음을 받아들이기가 어려울 것이다.

이에 본 연구자는 '한중일학계(韓中日學界)의 잘못된 통설(通說)이 형성된 원인과 과정을 규명하는 것이 필요하다'는 판단에 이르렀다.

학자는 본래 사실을 탐구하는 것을 사명으로 하는 존재이기 때문에, 역사 왜곡의 원인과 과정을 이해하게 되면, '통설(通說)이 논파되었다'는 사실을 보다 주체적이고 적극적으로 받아들일 것이다.

또한, 본인의 기존 역사지식이 사실에 부합하지 않는다는 점을 인식하게 되면, 그로 인한 인지적 불일치(cognitive dissonance)를 해소하려는 과정에서 지적 욕구가 발동하여 동북아고대사정립(東北亞古代史正立)에 적극적으로 동참할 가능성이 높다.

따라서 본 연구의 목적은 고구려(高句麗) 멸망 이후, 당(唐)이 역사 지명을 동쪽으로 이동시킴으로써 예맥(濊貊) 땅을 현(現) 요하(遼河) 동쪽으로, 낙랑(樂浪) 땅을 한반도 대동강 유역으로 밀어내고자 했던 역사 왜곡을 밝히는 것이다.

더불어 당(唐)의 역사 왜곡에 본의 아니게 일조(一助)한 두우(杜佑)의 기록은 역사적 사실이 아님을 논증할 것이다.

당(唐)이 현(現) 난하(灤河) 유역에 위치한 예맥(濊貊) 땅과 낙랑(樂浪) 땅의 흔적을 지우는 역사 왜곡을 시도한 이유는 '현(現) 난하(灤河) 유역은 고죽국(孤竹國)의 영토이며 고중국(古中國)의 고유영토'라고 생각했기 때문이다.

동북아고대사정립 1의 학설 48) 에 의하면

> 한서지리지(漢書地理志)와 수경주(水經注)를 읽은 학자들 중 일부가 대요수(大遼水)를 고죽국요수(孤竹國遼水)와 동일한 하천으로 오인했다.
> 수서(隋書) 배구열전(裵矩列傳)에 기록된 '고구려(高句麗)가 점유한 대요수(大遼水) 지역이 고죽국(孤竹國)의 영토였다'는 배구(裵矩)의 잘못된 주장은 고구려(高句麗)를 멸망에 이르게 한 요인들 중 하나였다.
> 배구(裵矩)의 잘못된 주장은 수서(隋書), 구당서(舊唐書), 신당서(新唐書), 삼국사기(三國史記), 삼국유사(三國遺事) 등에 반영되었다.

배구(裵矩)는 고구려(高句麗)와의 전쟁에 대한 당위성으로 '고구려(高句麗)가 고죽국(孤竹國)의 영토를 점유했다'고 주장했는데, 한요동(漢遼東)의 대요수(大遼水)를 연요동(燕遼東)의 요수(遼水)와 동일한 하천으로 오인하여 대요수(大遼水), 즉 현(現) 난하(灤河) 동쪽 땅도 고중국(古中國)의 고유영토였다고 믿었기 때문이다.

이러한 이유로 고구려(高句麗)를 멸망시킨 당(唐)은 현(現) 난하(灤河) 유역의 고조선(古朝鮮)과 고구려(高句麗)의 흔적을 모두 지우려고 했다.

21세기, 중국이 '한반도 북부 지역은 본래 고중국(古中國)의 영토였다'고 믿고 있는 것도 같은 상황이며, 이러한 잘못된 역사지식은 전쟁으로 귀결될 수밖에 없다.

동북아고대사정립(東北亞古代史正立) 과정에서 중국과의 역사전쟁이 버겁겠지만 수많은 생명을 앗아갈 진짜 전쟁에 비할 바는 아니다.

第1節
연구 범위 및 구성

AD 668년, 고구려(高句麗)가 당(唐)에 의해 멸망했으며, 괄지지(括地志)는 AD 639년의 기록으로 고구려(高句麗) 멸망 직전의 지리지(地理志)이다.

원전은 망실되었으나, 집본이 전해진 괄지지(括地志)를 연구하면 당(唐)의 역사 왜곡 이전 고구려(高句麗)의 영토를 파악할 수 있다.

이어 고구려(高句麗) 멸망 이후의 사서(史書)인 통전(通典)을 연구하여 변화 여부를 살펴보고자 한다.

통전(通典)은 AD 766년에 착수되어 AD 801년에 완성되었다.

통전(通典)의 저자 두우(杜佑)는 '요동(遼東) 남쪽 천여리(千餘里) 지점에 평양성(平壤城)이 있다'는 기록을 남겼으며, 이 기록은 동북아시아의 실제 지형을 고려할 때, 요동(遼東)이 현(現) 요양시(遼陽市) 일대에 위치할 경우에만 성립하므로, 한중일학계(韓中日學界) 통설(通說)의 중요한 버팀목이 되고 있다.

'사마천(司馬遷) 이후 최고의 역사가'로 평가받는 두우(杜佑)가 '요동(遼東) 남쪽 천여리(千餘里) 지점에 평양성(平壤城)이 있다'는 기록을 남겼다면, 이는 어설픈 추론의 결과가 아니라 그에 상응하는 사료를 실제로 확인했음을 의미한다.

따라서 당(唐)의 역사 왜곡과 두우(杜佑)의 해당 기록 사이에 어떠한 상관관계가 있는지 밝히는 것 또한 연구의 목적이며, 이를 위해 필요하다고 판단되는 사서(史書)들을 면밀히 검토할 것이다.

여기에 더해, 동북아고대사정립(東北亞古代史正立) 1 ~ 3 에서 제시된 요동(遼東) 비정과는 현격히 달라 결코 공존할 수 없는 두우(杜佑)의 해당 기록이 과연 역사적 사실인지 여부를, 동시대 사료인 가탐도리기(賈耽道里記)를 통해 검증하고자 한다.

第 2 節
괄지지(括地志)와 통전(通典)의 기록 연구

　AD 247 ~ 427년, 180년 동안 고구려(高句麗)의 수도는 임둔조선(臨屯朝鮮) 땅에 위치한 동천왕평양성(東川王平壤城)이다.

　AD 427 ~ 586년, 159년 동안 고구려(高句麗)의 수도는 낙랑조선(樂浪朝鮮) 땅에 위치한 장수왕평양성(長壽王平壤城)이다.

　AD 586 ~ 668년, 82년 동안 고구려(高句麗)의 수도는 예맥조선(濊貊朝鮮) 땅에 위치한 장안성(長安城)으로 별칭은 평양성(平壤城)이며, 이하 장안성(長安城)을 보장왕평양성(寶臧王平壤城)이라 칭한다.

　한중일학계(韓中日學界)의 통설(通說)과 다른 내용을 언급하면서도 근거를 생략한 글은 모두 동북아고대사정립(東北亞古代史正立) 1 ~ 3에서 본 연구자가 충분히 논증한 내용임을 미리 밝힌다.

　본 연구자의 주장이 한중일학계(韓中日學界)의 통설(通說)과 많이 다르다는 이유로 이미 논증한 내용의 근거를 모두 제시하면서 기술하면 논점이 흐려지기 때문이다.

1. 괄지지(括地志)

괄지지(括地志)에 의하면

> **高驪都平壤城本漢樂浪郡王險城**
> 고구려(高句麗)의 수도 평양성(平壤城)은 본래 한(漢) 낙랑군(樂浪郡) 왕험성(王險城)이다.

　괄지지(括地志) 저자 이태(李泰)의 생애〈AD 620 ~ 652년〉에 고구려(高句麗)의 수도는 낙랑(樂浪) 땅의 장수왕평양성(長壽王平壤城)이 아니라 예맥(濊貊) 땅의 보장왕평양성(寶臧王平壤城)이었다.

괄지지(括地志)에는 고구려(髙句麗) 멸망 이후에 편찬된 통전(通典)·구당서(舊唐書)·신당서(新唐書)와는 달리 장안성(長安城)에 대한 언급이 없다.

이는 이태(李泰)가 고구려(髙句麗)가 장수왕평양성(長壽王平壤城)에서 보장왕평양성(寶臧王平壤城)으로 천도한 사실을 알지 못한 채, 장수왕평양성(長壽王平壤城)에 관한 기록만을 남겼음을 보여준다.

동북아고대사정립 1의 학설 45)에 의하면

> 장수왕평양성(長壽王平壤城)의 위치는 전한낙랑군(前漢樂浪郡) 패수(浿水) 북쪽이며, 고조선(古朝鮮)의 수도 왕험성(王險城)이 서쪽에 인접해 있다.

괄지지(括地志)에 '고구려(髙句麗)의 수도 평양성(平壤城)은 본래 한(漢) 낙랑군(樂浪郡) 왕험성(王險城)'이라고 기록될 만큼 장수왕평양성(長壽王平壤城)은 왕험성(王險城)과 인접해 있으며, 전한낙랑군패수(前漢樂浪郡浿水)가 가로지르는 낙랑(樂浪) 땅에 위치하고 있었다.

반면, 고구려(髙句麗)의 마지막 수도인 보장왕평양성(寶臧王平壤城)은 고구려압록수(髙句麗鴨渌水)가 가로지르는 예맥(濊貊) 땅에 위치하고 있었다.

당(唐) 기준척(基準尺)으로 낙랑(樂浪) 땅의 장수왕평양성(長壽王平壤城)과 예맥(濊貊) 땅의 보장왕평양성(寶臧王平壤城) 간 거리는 800리(里)이다.

그럼에도 불구하고, 한중일학계(韓中日學界)의 통설(通說)에 의하면 고구려(髙句麗)의 수도 평양성(平壤城)은 단 하나뿐이며, 그 위치는 한반도 대동강(大同江) 유역이다.

그러나 이러한 통설(通說)은 명백히 역사적 사실이 아니다.

한반도 대동강(大同江) 유역의 중심지는 고구려(髙句麗)의 북한산군(北漢山郡)으로, 비록 평양(平壤)·남평양(南平壤)·하평양(下平壤)이라는 별칭으로 불리었으나, 이 지역의 치소는 평양성(平壤城)이 아니라 한성(漢城)이었다.

더욱이 동천왕평양성(東川王平壤城)은 임둔(臨屯), 장수왕평양성(長壽王平壤城)은 낙랑(樂浪), 보장왕평양성(寶臧王平壤城)은 예맥(濊貊) 땅에 각각 위치해 있었다.

따라서 이들 세 평양성(平壤城) 모두 진번(眞番) 땅인 한반도 대동강(大同江) 유역과는 멀리 떨어져 있었다.

고려서경(高麗西京) 또한 예맥(濊貊) 땅에 위치한 보장왕평양성(寶臧王平壤城)을 승계한 것이므로, 한반도 대동강(大同江) 유역에 위치할 수 없다.

한중일학계(韓中日學界)의 통설(通說)이 이토록 엉망인 것은 역사학자(歷史學者)에게도 책임이 있지만, 보다 근본적인 원인은 따로 있다.

결론부터 얘기하자면, 당(唐)이 현(現) 난하(灤河) 동쪽에 접해 있는 낙랑(樂浪) 땅을 한반도 대동강(大同江) 유역으로 밀어넣는 역사 왜곡을 단행했기 때문이다.

이러한 왜곡을 성공시키려면, 당(唐)은 우선 낙랑(樂浪) 땅에 위치한 장수왕평양성(長壽王平壤城)의 존재를 지워야 한다.

확실한 방법은 장수왕평양성(長壽王平壤城)을 다른 행정명으로 개칭하는 것이다.

AD 668년, 고구려(高句麗)를 멸망시킨 당(唐)은 낙랑(樂浪) 땅과 장수왕평양성(長壽王平壤城)의 위치를 왜곡하기 위해, 장수왕평양성(長壽王平壤城)을 요동군고성(遼東郡故城)으로 개칭했다.

현(現) 요하(遼河) 서쪽 낙랑(樂浪) 땅을 요동(遼東) 땅으로 탈바꿈 시키기 위해서이다.

> **학설 201)**
> AD 668년, 고구려(高句麗) 멸망 후, 당(唐)은 낙랑(樂浪) 땅과 장수왕평양성(長壽王平壤城)의 위치를 왜곡하기 위해 장수왕평양성(長壽王平壤城)을 요동군고성(遼東郡故城)으로 개칭했는데 현(現) 요하(遼河) 서쪽 낙랑(樂浪) 땅을 요동(遼東) 땅으로 탈바꿈 시키기 위해서이다.

당(唐)은 현(現) 요하(遼河) 서쪽 낙랑(樂浪) 땅을 요동(遼東) 땅으로 탈바꿈 시킨 역사 왜곡의 후속 조치로, 현(現) 요하(遼河) 동쪽의 성(城) 하나를 장수왕평양성(長壽王平壤城)으로 개칭하여 그곳을 낙랑(樂浪) 땅으로 둔갑시켜야만 했다.

한서지리지(漢書地理志)의 기록으로 인해 '낙랑(樂浪) 땅에서 흐르는 하천들은 서쪽으로 흘러 입해(入海)했다'는 역사적 사실은 명백했다.

고구려압록수(高句麗鴨淥水), 즉 현(現) 요하(遼河) 동쪽 유역의 하천들도 서쪽으로 흘러 입해(入海)한다.

하지만 수(隋)·당(唐)과 고구려(高句麗) 간 수많은 전쟁 기록을 통해, '고구려(高句麗)의 마지막 수도인 보장왕평양성(寶臧王平壤城)이 현(現) 요하(遼河) 동쪽에 인접해 있다'는 역사적 사실도 명백했다.

따라서 당(唐)의 역사 왜곡을 완성하기 위한 왜곡된 낙랑(樂浪) 땅의 적임지는 한반도 대동강(大同江) 유역이었다.

결국 당(唐)은 고구려(高句麗) 3경(京) 중 하나인 한반도 대동강(大同江) 한성(漢城)을 장수왕평양성(長壽王平壤城)으로 개칭했다.

> **학설 202)**
> AD 668년, 고구려(高句麗) 멸망 후, 당(唐)은 한반도 대동강(大同江) 유역을 낙랑(樂浪) 땅으로 왜곡하기 위해 고구려(高句麗) 3경(京) 중 하나인 한반도 대동강(大同江) 한성(漢城)을 장수왕평양성(長壽王平壤城)으로 개칭했다.

당(唐)이 역사 왜곡을 단행한 이유는, 현(現) 난하(灤河) 유역에서 고조선(古朝鮮)과 고구려(高句麗)의 흔적을 모두 지우기 위함이었다.

따라서 당(唐)은 낙랑(樂浪) 땅과 더불어, 현(現) 난하(灤河) 유역에 위치한 예맥(濊貊) 땅의 흔적까지도 반드시 함께 지워야 했다.

현(現) 난하(灤河) 상류 유역에 위치한 예맥(濊貊) 땅 서부 지역의 흔적을 해당 지역에서 지우는 가장 확실한 방법은, 이 지역을 상징하는 하천인 마자수(馬訾水)를 예맥(濊貊) 땅 중부 지역을 상징하는 압록수와 동일한 하천으로 왜곡하는 것이었다.

당(唐)은 고구려압록수(髙句麗鴨淥水)를 마자수(馬紫水)로 개칭하면서, 마자수(馬訾水)의 '訾'를 '紫'로 바꾸었다.

> [학설 203)]
> AD 668년, 고구려(髙句麗) 멸망 후, 당(唐)은 고구려압록수(髙句麗鴨淥水)를 마자수(馬紫水)로 개칭했다.
> 이때 마자수(馬訾水)의 '訾'를 '紫'로 바꾸었다.

AD 668년, 고구려(髙句麗)를 멸망시킨 당(唐)은 장수왕평양성(長壽王平壤城)·한성(漢城)·고구려압록수(髙句麗鴨淥水)를 각각 요동군고성(遼東郡故城)·장수왕평양성(長壽王平壤城)·마자수(馬紫水)로 개칭하면서 역사 왜곡을 마무리했다.

역사 왜곡은 은밀하게 진행되어야만 학자들을 역사 왜곡의 도구로 활용할 수 있다.

전쟁 직후, 혼란스러운 식민지 내에서 당(唐)의 국가 전략가들에 의해 은밀하게 진행된 역사 왜곡이었기 때문에 고중국(古中國) 내지의 동시대 학자들은 이를 알 길이 없었다.

참고로, '요동군성(遼東郡城)'은 당시 고구려(髙句麗) 요동성(遼東城)이었던 한(漢) 요동군(遼東郡) 양평현(襄平縣)의 치소를 의미한다.

반면, '요동군고성(遼東郡故城)'은 연(燕) 요동군(遼東郡) 양평현(襄平縣)의 치소이자, 당시 한(漢) 요동군(遼東郡) 요양현(遼陽縣)의 치소를 의미한다.

예를 들어, 후한(後漢) 우북평군(右北平郡) 치소는 토은현(土垠縣) 토은성(土垠城)이지만, 기록에는 '우북평군성(右北平郡城)'이라는 표현이 더 많이 등장한다.

2. 통전(通典)

통전(通典) 변방문(邊防門) 동이편(東夷篇) 고구려조(高句麗條)에 의하면

> 自東晉以後 其王所居平壤城 卽漢樂浪郡王險城 自爲慕容皝來伐後 徙國內城
> 移都此城 亦曰長安城 南臨浿水 在遼東南千餘里 其外有國內城及漢城
> 亦別都也
>
> 동진(東晉) 이후, 그곳 왕(王)이 평양성(平壤城)에 거주했는데 한(漢) 낙랑군(樂浪郡)
> 왕험성(王險城)이다. 모용황(慕容皝)의 침략 후 국내성(國內城)으로 옮겼다가
> 평양성(平壤城)으로 천도했는데 또한 장안성(長安城)이라 칭한다.
> 남쪽으로는 패수(浿水)를 내려다 보며, 요동(遼東) 남쪽 천여리(千餘里) 지점에 있다.
> 그외 국내성(國內城)과 한성(漢城)이 있는데 별도(別都)이다.

 통전(通典)의 저자 두우(杜佑)〈AD 735 ~ 812년〉는 '동진(東晉) 이후, 고구려(高句麗) 왕(王)은 평양성(平壤城)에 거주했다'고 기록했다.

 두우(杜佑)가 기록한 평양성(平壤城)은 장수왕평양성(長壽王平壤城)〈AD 427 ~ 586년〉이며, 두우(杜佑) 또한 괄지지(括地志) 저자 이태(李泰)와 마찬가지로 동천왕평양성(東川王平壤城)〈AD 247 ~ 427년〉의 존재를 모르고 있었다.

 '모용황(慕容皝)의 침략 후 국내성(國內城)으로 옮겼다가 평양성(平壤城)으로 천도했다'는 기록에서 이 사실은 더욱 명확해진다.

 삼국사기(三國史記) 고구려본기(高句麗本紀)에 의하면 AD 247년, 동천왕(東川王)은 '환도성(丸都城)은 난(亂)을 겪어 다시 도읍으로 삼을 수 없다'며 평양성(平壤城)을 축성하고 백성·종묘·사직을 동천왕평양성(東川王平壤城)으로 옮기는 천도를 단행했다.

 전연(前燕) 모용황(慕容皝)의 침략 후, 고국원왕(故國原王)은 통전(通典)의 기록처럼 국내성(國內城)으로 거처를 옮긴 것이 아니라 동천왕평양성(東川王平壤城) 동쪽에 위치한 황성(黃城), 즉 현(現) 집안시(集安市)로 거처를 옮겼다.

이후, 고국원왕(故國原王)은 백제(百濟)가 동천왕평양성(東川王平壤城)을 공격하자, 그곳에서 항전하다 화살에 맞아 전사했다.

그러나 고구려(高句麗)의 왕(王)들이 평소에 동천왕평양성(東川王平壤城)에 거주하지 않았기 때문에, 고중국(古中國)은 고구려(高句麗)의 네 번째 수도인 동천왕평양성(東川王平壤城)을 인지하지 못했다.

이는 고려(高麗)도 마찬가지였는데, 삼국사기(三國史記)에 동천왕평양성(東川王平壤城)에 관한 기록이 남아 있긴 하지만, 이는 고기(古記)의 내용을 그대로 전사(轉寫)한 것이며, 편찬자인 김부식(金富軾)은 동천왕평양성(東川王平壤城)에 대해 알지 못했다.

고국원왕(故國原王)부터 장수왕(長壽王)까지 고구려(高句麗)의 왕(王)들은 수도였던 동천왕평양성(東川王平壤城)이 아니라 황성(黃城)에 머물렀으며, 장수왕(長壽王)이 장수왕평양성(長壽王平壤城)으로 천도하고 삼경제(三京制)를 시행하면서 비로서 왕(王)의 거처와 수도가 다시 일치하게 되었다.

종합해보면, 고중국(古中國)의 학자들 또한 삼국사기(三國史記)의 편찬자인 김부식(金富軾)과 마찬가지로 동천왕평양성(東川王平壤城)의 존재에 대해 알지 못했다.

> **학설 204)**
> 고중국(古中國)의 학자들 또한 삼국사기(三國史記)의 편찬자인 김부식(金富軾)과 마찬가지로 동천왕평양성(東川王平壤城)의 존재에 대해 알지 못했다.

통전(通典) 고구려조(高句麗條)에는 평양성(平壤城)과 장안성(長安城)이 동일한 성(城)으로 기록되어 있다.

동천왕평양성(東川王平壤城)의 존재를 알지 못했던 통전(通典)의 저자 두우(杜佑)는, 장수왕평양성(長壽王平壤城)과 보장왕평양성(寶臧王平壤城)을 동일한 성(城)으로 인식했기 때문에, 그에게 있어 평양성(平壤城)은 오직 하나뿐이었다.

그는 '평양성(平壤城)은 한(漢) 낙랑군(樂浪郡) 왕험성(王險城)'이라고 기록하며, '평양성(平壤城)은 낙랑(樂浪) 땅에 위치한다'고 보았는데, 이는 오늘날 한중일학계(韓中日學界)의 통설(通說)과 다르지 않은 인식이다.

이와 관련하여, 고구려(高句麗) 멸망 이전에 편찬된 사서(史書)인 괄지지(括地志)에 기록된 낙랑(樂浪)은 '현(現) 요하(遼河) 서쪽의 낙랑(樂浪) 땅'을 지칭하는 반면, 고구려(高句麗) 멸망 이후에 편찬된 사서(史書)인 통전(通典)의 낙랑(樂浪)은 '당(唐)이 문서상으로 새롭게 설정한, 한반도 대동강(大同江) 유역의 낙랑(樂浪) 땅'을 지칭하고 있다.

두우(杜佑)는 바로 이와 같은 인식을 바탕으로 '한(漢) 낙랑군(樂浪郡) 왕험성(王險城)은 요동(遼東) 남쪽 천여리(千餘里) 지점에 있다'고 기록하였다.

주목할 점은, 통전(通典) 이전의 어떠한 사서(史書)에서도 '한(漢) 낙랑군(樂浪郡) 치소 왕험성(王險城) 또는 고구려(高句麗) 평양성(平壤城)이 요동(遼東) 남쪽 천여리(千餘里) 지점에 위치한다'는 기록이 존재하지 않는다는 것이다.

이는 두우(杜佑)의 기록이 역사상 처음 등장한 주장임을 뜻한다.

이러한 기록은 오직 당(唐)이 한반도 대동강 유역의 한성(漢城)을 평양성(平壤城)으로 개칭하고, 그 개칭된 한성(漢城)이 거리 기록의 종점(終點)으로 설정되어야만 가능하다.

통전(通典)에 처음 등장한 기록이라는 점에서, 두우(杜佑)가 현(現) 요양시(遼陽市) 일대를 요동으로 착각하게 만든, 당(唐)이 역사 왜곡을 위해 만든 사료가 존재했으며, 그는 그 사료를 반영한 것이다.

> **학설 205)**
> 두우(杜佑)는 당(唐)이 역사 왜곡을 위해 만든 사료를 통전(通典)에 반영했다.
> '요동(遼東) 남쪽 천여리(千餘里) 지점에 평양성(平壤城)이 있다'는 통전(通典)의 기록에서 평양성(平壤城)은 한반도 대동강(大同江) 한성(漢城)을 지칭한다.

통전(通典)의 기록은 한중일학계(韓中日學界)의 통설(通說)에 큰 영향을 미쳤다.

첫째, '낙랑(樂浪) 땅 중심지는 요동군성(遼東郡城) 남쪽 천여리(千餘里) 지점에 위치한다'는 고정관념을 갖게 만들었다.

요동군성(遼東郡城)과의 거리를 고려하면 이 지리적 조건에 부합(符合)하는 지역은 한반도 대동강 유역뿐이다.

둘째, '왕험성(王險城)이었던 평양성(平壤城)에서 남쪽으로 패수(浿水)를 내려다본다'는 기록은, '평양성(平壤城) 또한 전한낙랑군패수(前漢樂浪郡浿水)가 흐르는 낙랑(樂浪) 땅, 즉 한반도에 위치한다'는 고정관념을 갖게 만들었다.

셋째, '장안성(長安城)은 평양성(平壤城)과 동일한 성(城)'이라는 기록은, '고구려(高句麗)의 중심지 또한 낙랑(樂浪) 땅에 위치한다'는 고정관념을 갖게 만들었다.

그러나 고구려(高句麗)의 중심지를 한반도로 밀어낸 것은 당(唐)이 의도한 바가 아니며, 당(唐)의 역사 왜곡과 두우(杜佑)의 오인이 중첩되어 나타난 결과였다.

통전(通典) 변방문(邊防門) 동이편(東夷篇) 고구려조(高句麗條)에 의하면

> 馬紫水一名鴨綠水 經國內城南 又西與一水合 卽鹽難水也 二水合流
> 西南至安平城入海 高麗之中此水最大 波瀾淸澈所經鎭濟 皆貯大船
> 其國恃此以爲天塹 水闊三百步
>
> 마자수(馬紫水), 일명(一名) 압록수(鴨綠水)는 국내성(國內城) 남쪽을 지나며 서쪽으로 흐르다가 한 수(水)와 합쳐지는데 염난수(鹽難水)이다.
> 두 수(水)는 합쳐져서 서남쪽으로 흘러 안평성(安平城)을 지난 후 입해(入海)한다.
> 고구려(高句麗)의 수(水) 중에서는 최대(最大)이며, 파도가 일 정도로 넓고 맑은데 건너는 진(鎭)에는 모두 대선(大船)을 정박시켜 놓았고, 고구려(高句麗)에서는 하늘이 만든 참으로 여겼으며 강폭은 300보(步)에 이르렀다.

이 기록을 통해서도 당(唐)의 역사 왜곡을 확인할 수 있다.

당(唐)이 압록수(鴨淥水)를 마자수(馬紫水)로 개칭하고, 압록수(鴨淥水)의 '淥'을 '綠'으로 바꾸면서 마자수(馬紫水)의 별칭으로 격하해야만 나올 수 있는 기록이기 때문이다.

두우(杜佑)의 생애〈AD 735 ~ 812년〉에 압록수(鴨淥水), 즉 현(現) 요하(遼河) 유역은 당(唐)의 영토가 아니었기 때문에 두우(杜佑)는 이곳을 답사할 수 없었다.

그러나 통전(通典)의 기록은 '강폭이 300보(步)에 이르렀다' 등 군정 기관이 조사한 듯한 생생한 기록으로 직접 답사를 해야만 남길 수 있는 사료이다.

따라서 안동도호부(安東都護府)가 역사 왜곡을 위해 의도적으로 남긴 사료를 훗날 두우(杜佑)가 읽고 통전(通典)에 반영한 것이다.

한서지리지(漢書地理志) 현도군(玄菟郡) 편에 의하면

> 玄菟郡 武帝元封四年開 縣三 高句麗 遼山遼水所出 西南至遼隊入大遼水
> 又有南蘇水西北經塞外 上殷台 西蓋馬 馬訾水西北入鹽難水
> 西南至西安平入海 過郡二 行二千一百里
> 현도군(玄菟郡). 무제(武帝) 원봉(元封) 4년에 시작되었으며, 현(縣)은 3개이다.
> [고구려현(高句麗玄)] 요산(遼山)에서 요수(遼水)가 시작되는데 서남쪽으로 흘러
> 요대현(遼隊縣)에 이르러 대요수(大遼水)로 들어간다. 또한 남소수(南蘇水)가 있는데
> 서북쪽으로 새(塞) 밖을 지난다.
> [상은태현(上殷台縣)], [서개마현(西蓋馬縣)] 마자수(馬訾水)는 서북쪽으로 흘러
> 염난수(鹽難水)와 합류하고 서남쪽으로 흘러 서안평현(西安平縣)에 이르러
> 입해(入海)한다. 2개의 군(郡)을 지나고 2,100리(里)를 흐른다.

당(唐)이 고구려압록수(高句麗鴨淥水)를 마자수(馬紫水)로 개칭할 경우 현(現) 난하(灤河) 유역의 제2 현도군(玄菟郡)을 현(現) 요하(遼河) 유역으로 밀어낼 수 있다.

더불어 한자(漢字)가 바뀌고 별칭이 되어버린 압록수(鴨綠水)라는 하천명은 이후 적절한 시기에 현(現) 요하(遼河) 동쪽으로 밀어낼 수 있다.

실제로 압록수(鴨綠水)는 '水'가 '江'으로 바뀌어 압록강(鴨綠江)이라는 하천명으로 현(現) 요하(遼河) 동쪽 지역을 떠돌았다.

동북아고대사정립 2의 학설 82)에 의하면

> 현(現) 난하(灤河) 유역에 위치한 제2 현도군(玄菟郡) ➡ 양맥(梁貊) ➡ 비류수(沸流水)와 졸본성(卒本城) ➡ 현(現) 요하(遼河) 중류 유역이 서쪽에서 동쪽 방향으로 위치한다.

만약 제2 현도군(玄菟郡)이 현(現) 요하(遼河) 중류 유역에 위치한 것으로 왜곡되면, 제2 현도군(玄菟郡) 동남쪽에 위치한 고구려(髙句麗) 또한 현(現) 압록강(鴨綠江) 중류 유역이 건국지인 국가로 왜곡된다.

고구려(髙句麗)와 청(淸)은 현(現) 요하(遼河) 중류 유역을 건국지로 삼아 만주의 패권 국가로 성장할 수 있었으나, 현(現) 압록강(鴨綠江) 중류 유역을 건국지로 삼아 만주의 패권국으로 성장하는 것은 거의 불가능에 가깝다.

따라서 부활의 가능성을 차단하기 위해 고구려(髙句麗)의 건국지를 왜곡하고, 압록수(鴨淥水)를 마자수(馬紫水)로 개칭하여 현(現) 요하(遼河) 유역을 제2 현도군(玄菟郡)의 영토로 오인하게 만든 당(唐)의 전략은 훌륭했다.

역사 왜곡에 대해 '훌륭하다'는 표현에 거부감을 느끼는 사람도 있을 것이다.

하지만 당(唐)의 안동도호부(安東都護府)는 멸망한 고구려(髙句麗)의 영토를 식민지로 통치하는 군정 기관이지, 학자들의 집단이 아니다.

정치학적 관점에서 보면 안동도호부(安東都護府)는 해야할 일을 했을 뿐이며, 조선(朝鮮)을 식민지로 만든 일본의 제국주의자들도 조선사편수회(朝鮮史編修會)를 만들어 똑같은 일을 했다.

원활한 식민지 통치를 위해 식민지의 역사를 말살하는 것은 일반적으로 당연한 일이며, 말살된 역사를 복원하는 것은 피지배자들의 몫이다.

따라서 역사 왜곡에 직접 참여한 학자는, 학자의 양심을 저버렸기에 강력한 비난의 대상이 되는 반면, 당(唐)의 국가 전략가들은 비난의 대상이 될 수 없다.

통일신라(統一新羅)가 한반도 내 왜(倭)의 역사를 지운 것도 같은 원리이며, 가야(伽倻) 또한 신라(新羅)의 성장에 공헌하지 않았거나 동화되지 않았다면 왜(倭)와 같은 처지에 놓였을 것이다.

참고로 한반도 내 왜(倭)의 지배 세력은 북방에서 이주해 온 예맥(濊貊) 일파(一派)로, 한반도 남부에 머물다 일본열도로 이주했다.

고구려(高句麗)의 승계국이 존재하지 않는다면, 당(唐)의 의도대로 고구려(高句麗)의 진짜 역사 또한 왜곡되고 축소되어 잊히는 것이 순리이다.

다행히 고려(高麗)가 역대수사(易代修史)를 실행하여 고구려(高句麗)의 역사는 삼국사기(三國史記)를 통해 전해지지만, 현(現) 난하(灤河) 유역에서 고조선(古朝鮮)과 고구려(高句麗)의 역사를 말살한 당(唐)의 역사 왜곡은 바로잡지 못했다.

거리 기록을 남기려면 기점(起點)과 종점(終點)을 정확히 알아야 한다.

종점(終點)은 두우(杜佑)가 평양성(平壤城)이라 믿었던 한반도 대동강 유역의 한성(漢城)이다.

그리고 두우(杜佑)는 기점(起點)을 요동(遼東)이라 칭했다.

고구려(高句麗) 멸망 전, 요동(遼東)이라 불리던 곳의 중심지는 한(漢) 요동군(遼東郡) 양평현(襄平縣) 치소 요동군성(遼東郡城)으로, 당시에는 고구려(高句麗) 요동성(遼東城)이었다.

현(現) 난하(灤河) 동쪽에 인접한 고구려(高句麗) 요동성(遼東城)은 한반도 대동강(大同江) 유역 북쪽에 있지 않을뿐 아니라, 거리가 천여리(千餘里)가 아니라 2,000리(里) 이상 떨어져 있다.

도대체 두우(杜佑)는 어떤 사료를 보았길래 '한반도 대동강 유역의 평양성(平壤城)은 요동(遼東) 남쪽 천여리(千餘里) 지점에 있다'는 기록을 남겼을까?

결론부터 말하자면, 그는 '안동도호부(安東都護府) 남쪽 천여리(千餘里) 지점에 평양성(平壤城)이 있다'는 안동도호부(安東都護府)가 남긴 사료를 본 것이다.

> **학설 206)**
> 두우(杜佑)는 '안동도호부(安東都護府) 남쪽 천여리(千餘里) 지점에
> 평양성(平壤城)이 있다'는 안동도호부(安東都護府)가 남긴 사료를 보고
> 통전(通典)에 '요동(遼東) 남쪽 천여리(千餘里) 지점에 평양성(平壤城)이 있다'는
> 기록을 남겼다.

통전(通典)의 기록은 특히 역사지도에 지대한 영향을 미쳤다.

한반도 북쪽은 요동(遼東) 땅이라는 오해를 학자들이 갖도록 만들었기 때문이다.

이러한 이유로 화이도(華夷圖)와 같은 역사지도에는 한반도 북쪽까지 뻗어 있는 '상상의 만리장성'이 그려져 있다.

만리장성동단(萬里長城東端)은 반드시 요동(遼東) 땅에 위치해야 한다는 전제가 있었기 때문이다.

> **학설 207)**
> 두우(杜佑)의 오인은 '한반도 북쪽이 요동(遼東) 땅'이라는 오해를 갖도록 만들었다.
> 만리장성동단(萬里長城東端)은 반드시 요동(遼東) 땅에 있어야 한다는 전제 때문에,
> 화이도(華夷圖)와 같은 역사지도에는 '상상의 만리장성'이 한반도 북쪽까지 그려져 있다.
> 하지만 만리장성동단(萬里長城東端)은 현(現) 난하(灤河) 서쪽에 위치한다.

당(唐)의 역사 왜곡이 효력을 발휘하면서 동북아고대사(東北亞古代史)는 점차 왜곡되기 시작했다.

신당서(新唐書) 동이열전(東夷列傳) 고려전(高麗傳)에는 '고구려(高句麗) 군주(君主)는 평양성(平壤城)에 거주하는데, 또한 장안성(長安城)이라 부른다'고 기록되어 있다.

하지만 고구려(高句麗) 마지막 수도는 장안성(長安城)이 공식 행정명이고, 평양성(平壤城)은 별칭이다.

신당서(新唐書)는 평양성(平壤城)이 공식 행정명이고 장안성(長安城)은 별칭인 것처럼 기록하여, 통전(通典)과 마찬가지로 '장수왕평양성(長壽王平壤城)은 장안성(長安城)과 동일한 성(城)'이라는 오해를 불러일으켰다.

결국 삼국사기(三國史記)의 편찬자인 김부식(金富軾)이 오인했다.

동북아고대사정립 2의 학설 112)에 의하면

> 현(現) 요하(遼河) 동쪽, 즉 현(現) 요령성(遼寧省) 동부 지역이 낙랑(樂浪) 땅으로 둔갑한 이유는 삼국사기(三國史記) 편찬자(編纂者)인 김부식(金富軾)이 '고려서경(高麗西京)은 장수왕평양성(長壽王平壤城)인 것 같다'며, 현(現) 요동만(遼東灣)에 입해(入海)하는 하천을 패수(浿水)로 비정했기 때문이다.

현(現) 태자하(太子河)가 전한낙랑군패수(前漢樂浪郡浿水)로 비정되면서, 고려서경(高麗西京)이 통솔한 현(現) 요령성(遼寧省) 동부 지역은 낙랑(樂浪) 땅으로 둔갑했다.

예맥(濊貊) 땅이 낙랑(樂浪) 땅으로 둔갑한 사실을 알지 못한 고려(高麗)는, 고구려(高句麗)를 예맥조선(濊貊朝鮮)이 아닌 낙랑조선(樂浪朝鮮)의 승계국으로 오인해 결국 고구려(高句麗)의 주요 역사를 복원하는 데 실패했다.

또한 고려(高麗)는 현(現) 요서(遼西) 지역의 요양성(遼陽城) 일대를 요동(遼東)으로 여겨, 현(現) 난하(灤河) 유역이 고조선(古朝鮮)과 고구려(高句麗)의 고토(古土)였음을 인식하지 못했으며, 결과적으로 당(唐)의 역사 왜곡은 완벽하게 성공했다.

고려서경(高麗西京) 일대를 요동(遼東)으로 여긴 조선(朝鮮)의 인식은 더욱 안타깝다.

동북아고대사정립 3의 학설 168) 에 의하면

> 명장성(明長城)이 축성된 이후, 현(現) 당산시(唐山市)와 진황도시(秦皇島市)가
> 고중국(古中國)의 내지로 편입되었다.
> 고중국(古中國)의 내지가 동북쪽으로 확장된 만큼 당장성(唐長城) 내에 위치했던
> 행정명들도 동북쪽으로 이동했다.

명장성(明長城) 축성과 함께 유수(濡水)가 현(現) 난하(灤河)로 비정되는 명(明)의 역사 왜곡이 자행되면서, 역사지명 비정의 도미노 현상이 일어나 현(現) 요하(遼河)는 대요수(大遼水)로 비정되었다.

명(明)의 역사 왜곡은 당(唐)의 역사 왜곡에 이어 고중국(古中國)의 두 번째 역사 왜곡이다.

당(唐)의 역사 왜곡으로, 예맥(濊貊) 땅 서부 지역을 상징하는 마자수(馬訾水)는 '訾'가 '紫'로 바뀌며 예맥(濊貊) 땅 중부 지역으로 이동하였다.

이후 명(明)의 역사 왜곡으로, 마자수(馬紫水)는 한차례 더 동쪽으로 이동하여, 예맥(濊貊) 땅 동부 지역의 남쪽 경계인 현(現) 압록강(鴨綠江)의 별칭이 되었다.

> 학설 208)
> 당(唐)의 역사 왜곡으로, 예맥(濊貊) 땅 서부 지역을 상징하는 마자수(馬訾水)는
> '訾'가 '紫'로 바뀌며 예맥(濊貊) 땅 중부 지역으로 이동하였다.
> 이후 명(明)의 역사 왜곡으로, 마자수(馬紫水)는 한차례 더 동쪽으로 이동하여,
> 예맥(濊貊) 땅 동부 지역의 남쪽 경계인 현(現) 압록강(鴨綠江)의 별칭이 되었다.

명(明) 시기, 하천명과 행정명이 동쪽으로 이동함에 따라, 현(現) 요하(遼河) 서쪽에 있던 요양성(遼陽城), 즉 '요양'이라는 행정명도 현(現) 요하(遼河) 동쪽 요양시(遼陽市)로 옮겨졌다.

이번에는 현(現) 요하(遼河) 동쪽 예맥(濊貊) 땅이, 낙랑(樂浪) 땅에 이어 요동(遼東)으로 왜곡된 것이다.

주목할 점은, 두우(杜佑)는 오인으로 인해 보장왕평양성(寶臧王平壤城)이 위치했던 현(現) 요하(遼河) 동쪽 요양시(遼陽市)를 요동(遼東)으로 기록했을 뿐인데, 이 오인의 결과물이 명(明) 시기에는 진실로 바뀌었다는 점이다.

당(唐)의 역사 왜곡은 두우(杜佑)의 오인을 야기시켰으며, '현(現) 요양시(遼陽市)는 요동(遼東)이다'라는 두우(杜佑)의 기록은 오인의 결과물에 불과하다.

그러나 명(明) 시기, 명(明)의 역사 왜곡으로 오인의 결과물이 사실로 굳어지는 역사의 아이러니가 발생했다.

> **학설 209)**
> 당(唐)의 역사 왜곡은 두우(杜佑)의 오인을 야기시켰으며, 두우(杜佑)는 예맥(濊貊) 땅 중부 지역에 위치한 현(現) 요양시(遼陽市)를 요동(遼東)이라고 기록했다.
> 명(明) 시기, 명(明)의 역사 왜곡으로 두우(杜佑)의 기록은 진실로 바뀌었으며, 오인의 결과물이 사실로 굳어지는 역사의 아이러니가 발생했다.

당(唐)의 역사 왜곡은 고구려(髙句麗) 멸망 후 혼란한 시기에 자행되었기 때문에, 고려(高麗) 학자들이 고구려(髙句麗) 역사를 온전히 복원하지 못한 점은 일정 부분 이해할 수 있다.

그에 반해, 명(明)의 전략가들이 자행한 고중국(古中國)의 두 번째 역사 왜곡은 조선(朝鮮)의 학자들이 바로잡았어야 했다.

그러나 삼국사기(三國史記)에 전사(轉寫)된 고기(古記)의 기록보다 통전(通典)이나 신당서(新唐書)의 기록을 더 신뢰한 조선(朝鮮)의 학자들은 명(明)의 전략에 속수무책으로 당했으며, 결국 장수왕평양성(長壽王平壤城)을 한반도 대동강 유역에 비정하기에 이르렀다.

第3節
안동도호부(安東都護府)에 관한 기록 연구

구당서지리지(舊唐書地理志)에 의하면 AD 668년, 당(唐)은 고구려(高句麗)의 영토를 9도독부(都督部), 42주(州), 100현(縣)으로 나누었는데, 이 과정에서 당(唐)이 역사 왜곡의 목적으로 행정명의 일부를 개칭할 수 있음은 당연하다.

이와 관련하여, 당(唐)은 2개의 행정명과 1개의 하천명을 개칭함으로써 역사 왜곡을 단행했다.

한편, 당(唐)이 안동도호부(安東都護府)를 장수왕평양성(長壽王平壤城)으로 옮기기 전까지, 첫 번째 안동도호부(安東都護府)는 8년 동안 현(現) 요양시(遼陽市)에 머물렀다.

1. 8년 만에 현(現) 요하(遼河) 동쪽 식민지를 상실한 당(唐)

삼국사기(三國史記) 신라본기(新羅本紀)에 의하면 당(唐)은 신라(新羅)에 패강(浿江) 이남의 땅을 할양(割讓)하기로 서면으로 약속했다.

동북아고대사정립 2의 학설 118) [패강태자하설(浿江太子河說)]에 의하면

> 통일신라(統一新羅)의 북쪽 국경인 패강(浿江)은 현(現) 태자하(太子河)이다.

패강(浿江)은 요양시(遼陽市)에서 흐르는 태자하(太子河)이며, 당(唐)의 첫 번째 안동도호부(安東都護府)가 설치된 보장왕평양성(寶臧王平壤城) 남쪽에 인접해 있다.

동북아고대사정립 2의 학설 117) 에 의하면

> 현(現) 대동강(大同江) 유역의 남평양(南平壤)에 위치한 고구려(高句麗) 3경(三京) 중 하나인 한성(漢城)은 당(唐)과 신라(新羅)의 원활한 군사적 연합을 막는 전략적 요충지였다.

한반도 대동강 유역의 한성(漢城)은 신라(新羅)의 영토에 인접해 있었지만, 당(唐)은 한성(漢城)을 평양성(平壤城)으로 개칭했으며, 이는 애초에 패강(浿江) 이남의 땅을 신라(新羅)에 할양(割讓)할 의사가 없었음을 의미한다.

신라(新羅)는 약속을 지키지 않는 당(唐)과 전쟁에 돌입했으며, 초반에는 열세였으나 AD 675년, 매초성(買肖城)에 주둔한 당(唐)의 20만 대군을 격파하는 등 전세를 역전시켰다.

AD 676년, 당(唐)이 요양시(遼陽市)에 위치한 안동도호부(安東都護府)를 현(現) 요하(遼河) 서쪽으로 옮기면서 당(唐)과 신라(新羅) 간 전쟁은 일단락되었으며, 고구려(高句麗) 멸망 후 8년 만에 현(現) 요하(遼河) 동쪽 땅은 모두 당(唐)의 식민지에서 벗어났다.

신라(新羅)는 요양시(遼陽市)에 인접한 지역까지 영토로 편입하면서 통일신라(統一新羅)로 탈바꿈했으며, 요양시(遼陽市) 일대는 무주지(無主地)로 방치되었다.

2. 두우(杜佑)의 오인으로 만들어진 한중일학계(韓中日學界)의 통설(通說)

한중일학계(韓中日學界)의 통설(通說)에 의하면 첫 번째 안동도호부(安東都護府)는 한반도 대동강 유역에, 두 번째 안동도호부(安東都護府)는 현(現) 요양시(遼陽市)에 위치했다.

고구려(高句麗) 멸망 후 편찬된 사서(史書)의 기록들은 한중일학계(韓中日學界)의 통설(通說)을 뒷받침하며, 특히 '한(漢) 낙랑군(樂浪郡) 왕험성(王險城)은 요동(遼東) 남쪽 천여리(千餘里) 지점에 있다'는 통전(通典)의 거리 기록은 그야말로 화룡점정(畵龍點睛)이라 할 수 있다.

그러나 고구려 멸망 이전에 편찬된 사서(史書) 가운데, 이와 같은 통전(通典)의 거리 기록을 교차 검증해 줄 문헌은 존재하지 않으므로, 이는 단편적인 기록에 불과하다.

두우(杜佑)가 이 거리 기록을 남기게 된 이유에 대해서는 앞서 언급한 바가 있다.

그는 '안동도호부(安東都護府) 남쪽 천여리(千餘里) 지점에 평양성(平壤城)이 있다'는 사료를 본 것이다.

그는 이 사료가 의미하는 바를 제대로 파악하지 못했다.

안동도호부(安東都護府)가 한반도 대동강 유역의 한성(漢城)을 평양성(平壤城)으로 개칭했다는 사실을 알지 못했던 두우(杜佑)는, 그 사료의 안동도호부를 두 번째 안동도호부인 요동군고성(遼東郡故城)으로, 평양성(平壤城)을 첫 번째 안동도호부였던 보장왕평양성(寶臧王平壤城)으로 오인했다.

당(唐)은 현(現) 난하(灤河) 유역의 예맥(濊貊) 땅과 낙랑(樂浪) 땅의 역사를 각각 현(現) 요하(遼河) 유역과 한반도 대동강(大同江) 유역으로 밀어내려고 했을 뿐이었다.

그러나 두우(杜佑)의 이러한 오인은, 고중국(古中國)의 영토를 상징하는 요동(遼東)이라는 지명마저 현(現) 요하(遼河) 동쪽으로 옮기는 심각한 역사 왜곡으로 이어졌다.

더욱 아이러니한 것은, 수백 년 뒤 명(明)의 역사 왜곡으로 인해 대요수(大遼水)가 현(現) 요하(遼河)로 비정됨으로써 두우(杜佑)의 오인이 오히려 그의 명성을 드높여 주었으며, 그의 기록은 현재까지도 한중일학계(韓中日學界)의 통설(通說)을 견고히 받치는 버팀목 역할을 하고 있다.

하지만 대요수(大遼水)에서 개칭된 요하(遼河)는 현(現) 요하(遼河)가 아니라, 실은 현(現) 난하(灤河)이다.

동북아고대사정립(東北亞古代史正立) 1 ~ 3을 통해 한중일학계(韓中日學界)의 통설(通說)은 이미 논파된 바 있다.

그럼에도 불구하고 '한(漢) 낙랑군(樂浪郡) 왕험성(王險城)은 요동(遼東) 남쪽 천여리(千餘里) 지점에 있다'는 이 잘못된 버팀목을 뽑아내지 않는 한, 비학술적이고 소모적인 논쟁은 앞으로도 지속될 가능성이 크다는 우려에서, 본 연구자는 두우(杜佑)의 기록을 검토하여 그 실체를 밝혔다.

3. 두 번째 안동도호부(安東都護府)가 설치된 장수왕평양성(長壽王平壤城)

요동군고성(遼東郡故城)은 요동군(遼東郡) 치소 양평현(襄平縣)의 고성(故城)을 의미하는데, 이는 군(郡) 치소의 경우 군(郡) 행정명을 성(城) 앞에 붙여 성(城)의 행정명으로 사용하는 관례에 따른 것이다.

장수왕평양성(長壽王平壤城)이 요동군고성(遼東郡故城)으로 개칭되면서 낙랑(樂浪) 땅은 요동(遼東)으로 인식되었고, 그 결과 '고조선(古朝鮮)은 요동(遼東)에 위치했다'는 식의 단편적인 기록이 사서에 남게 되었다.

그러나 이때의 '요동'은 장수왕평양성(長壽王平壤城) 일대를 지칭하는 것이므로, 이러한 기록은 역사적 맥락을 무시한 명백한 오류이며, 역사적 사실이 아니다.

AD 676년, 당(唐)은 장수왕평양성(長壽王平壤城)에 두 번째 안동도호부(安東都護府)를 설치했는데, 이는 첫 번째 안동도호부가 설치되었던 현(現) 요양시(遼陽市)에서 신라(新羅)에 의해 서북쪽으로 800리(里) 밀려난 결과였다.

이러한 이동은 안동도호부가 고구려(髙句麗)의 중심지에서 낙랑(樂浪) 땅으로 후퇴한 것에 불과했지만, 장수왕평양성(長壽王平壤城)을 요동군고성(遼東郡故城)으로 개칭한 당(唐)의 역사 왜곡으로 인해, 마치 당(唐)의 군대가 고중국(古中國)의 고유영토인 '요동'으로 철수한 것처럼 오해하게 만들었다.

정리하자면, AD 676년, 당(唐)은 첫 번째 안동도호부(安東都護府)가 설치된 현(現) 요양시(遼陽市)에서 서북쪽으로 물러나 현(現) 요하(遼河) 서쪽 낙랑(樂浪) 땅에 위치한 장수왕평양성(長壽王平壤城)에 두 번째 안동도호부(安東都護府)를 설치했다.

> **학설 210)**
> AD 676년, 당(唐)은 첫 번째 안동도호부(安東都護府)가 설치된 현(現) 요양시(遼陽市)에서 서북쪽으로 물러나 현(現) 요하(遼河) 서쪽 낙랑(樂浪) 땅에 위치한 장수왕평양성(長壽王平壤城)에 두 번째 안동도호부(安東都護府)를 설치했다.

4. 세 번째 안동도호부(安東都護府)가 설치된 신성(新城)

AD 677년, 세 번째 안동도호부(安東都護府)가 신성(新城)에 설치되었으며, 그곳에서 AD 699년까지 머물렀다.

신성(新城)은 장수왕평양성(長壽王平壤城) 동북쪽에 위치하며, 고구려(高句麗)의 3경(三京) 중 하나인 국내성(國內城)에 인접해 있다.

만약 두 번째 안동도호부(安東都護府)가 한요동(漢遼東)에 위치한 실제 요동군성(遼東郡城)에 설치되었다면, 이는 당(唐)의 군대가 고구려(高句麗) 침략 시 당(唐) 영주(營州)에서 대요수(大遼水)를 건너 처음으로 마주치는 고구려(高句麗) 요동성(遼東城)까지 후퇴했음을 의미한다.

당(唐)의 군대가 고구려(高句麗) 요동성(遼東城)까지 물러났다면, 이는 사실상 고구려(高句麗)의 영토에서 철수한 것이다.

더욱이, 당(唐)의 군대가 고구려(高句麗) 요동성(遼東城)까지 후퇴한 상황에서 다시 동진(東進)하여 예맥(濊貊) 땅 중부 지역에 위치한 신성(新城)에 안동도호부(安東都護府)를 설치하는 일은 매우 어렵다.

당(唐)이 신라(新羅)와의 전쟁에서 패해 보장왕평양성(寶臧王平壤城)에서 장수왕평양성(長壽王平壤城)까지 서북쪽으로 800리(里)나 밀려났지만, 신라(新羅)는 더 이상의 확전을 원하지 않았다.

근거는 다음과 같다.

1. 신라(新羅)는 첫 번째 안동도호부(安東都護府)가 설치되었던 보장왕평양성(寶臧王平壤城) 일대를 무주지(無主地)로 방치함으로써, 고구려(高句麗) 영토 가운데 패강(浿江), 즉 현(現) 태자하(太子河) 북쪽 지역에는 관심이 없음을 분명히 했다.

2. 신라(新羅)는 훗날 패강진(浿江鎭)이 설치되는 현(現) 태자하(太子河) 남쪽 유역을 완충지대로 남겨 두어, 군사적 긴장감을 완화시켰다.

이러한 신라(新羅)의 선택은 매우 합리적이었다.

당(唐)의 군대가 고구려(高句麗)의 영토에서 완전히 철수할 경우, 고구려(高句麗)가 부활할 가능성이 있었는데, 당시 신라(新羅)는 부활한 고구려(高句麗)를 단독으로 제어할 수 있는 국력이 없었다.

당(唐) 또한 고구려(高句麗)의 유민과 영토를 단독으로 통제하기에는 역부족이었다.

결국 당(唐)은 신라(新羅)의 고구려 영토 및 유민 편입을 묵인하고, 현(現) 태자하(太子河) 북쪽에 남아 있던 고구려 유민 중 상당수를 고구려 영토 밖으로 강제 이주시키고서야 고구려(高句麗) 부흥운동을 잠재울 수 있었다.

신라(新羅)가 현(現) 태자하(太子河)를 넘어 북진할 의사가 없음을 확인한 당(唐)은 안동도호부(安東都護府)를 장수왕평양성(長壽王平壤城)으로 이전한 지 1년 만에 다시 신성(新城)으로 옮겼다.

고구려(高句麗)의 3경(三京) 중 하나인 국내성(國內城) 일대를 장악해야, 고구려(高句麗) 영토 가운데 현(現) 요하(遼河) 서쪽 지역을 통치할 수 있었기 때문이다.

고구려(高句麗) 3경(三京) 중 국내성(國內城)과 한성(漢城)은 각각 당(唐)과 신라(新羅)의 영토로 편입되었으며, 보장왕평양성(寶臧王平壤城) 일대는 무주지(無主地)가 되었다.

AD 676년, 현(現) 요하(遼河) 서쪽으로 물러난 안동도호부(安東都護府)는 AD 699년까지 총 23년 동안 장수왕평양성(長壽王平壤城)과 신성(新城)에서 고구려(高句麗)의 영토 가운데 현(現) 요하(遼河) 서쪽 땅을 통치했다.

> **학설 211)**
> AD 676년, 현(現) 요하(遼河) 서쪽으로 물러난 안동도호부(安東都護府)는 AD 699년까지 총 23년 동안 장수왕평양성(長壽王平壤城)과 신성(新城)에서 고구려(高句麗)의 영토 가운데 현(現) 요하(遼河) 서쪽 땅을 통치했다.

5. 발해국(渤海國) 영토로 편입된 장수왕평양성(長壽王平壤城)과 신성(新城)

AD 698년, 대조영(大祚榮)이 동모산(東牟山)에서 발해국(渤海國)을 건국함에 따라, 안동도호부(安東都護府)는 현(現) 요하(遼河) 서쪽 지역조차 통치하기 어려워졌다.

구당서지리지(舊唐書地理志) 안동도호부(安東都護府) 편에 의하면 AD 699년, 당(唐)은 안동도호부를 격하하여 안동도독부(安東都督府)를 설치했다.

AD 705년, 안동도호부(安東都護府)를 복구하였으나, 그 위치는 당장성(唐長城) 내에 위치한 유주(幽州)였다.

AD 714년, 당(唐)은 안동도호부를 유주(幽州)에서 평주(平州)로 옮겼는데, 평주(平州) 또한 현(現) 난하(灤河) 서쪽 당장성(唐長城) 내에 위치했다.

구당서(舊唐書) 북적열전(北狄列傳) 발해조(渤海條)에 의하면 AD 732년, 발해국(渤海國)은 장군(將軍) 장문휴(張文休)를 보내 등주자사(登州刺史) 위준(韋俊)을 공격했다.

발해국(渤海國)은 AD 732년 이전에 이미 현(現) 요하(遼河) 서쪽 지역을 영토로 편입했으며, AD 732년에는 수군을 동원해 당(唐)의 내지인 산동반도를 공격했음을 알 수 있다.

요동반도는 통일신라(統一新羅)의 영토이기에 발해국(渤海國)이 산동반도 등주(登州)를 공격하기 위한 교두보(橋頭堡)로는 현(現) 난하(灤河) 하류 유역이 적합하였다.

만약 발해국(渤海國)이 AD 732년까지도 현(現) 요하(遼河) 서쪽 지역을 점유하지 못했다면, 산동반도 등주(登州)를 수군으로 공격하기는 어렵다.

삼국사기(三國史記) 신라본기(新羅本紀)에는 'AD 735년, 황제가 조칙을 내려 패강(浿江) 이남의 땅을 주었다'고 기록되어 있는데, 이는 당(唐)이 발해국(渤海國)을 견제하기 위해 통일신라(統一新羅)와의 관계를 회복할 필요가 있었음을 보여준다.

당시 보장왕평양성(寶臧王平壤城) 일대는 여전히 무주지(無主地)로 남아 있었다.

고중국(古中國) 황제는 고구려(高句麗)의 영토를 이미 상실한 상태였음에도 불구하고, 패강(浿江) 이남의 땅을 신라에 준다는 조칙을 내렸다.

동북아고대사정립 2의 학설 100) 에 의하면

> 통일신라(統一新羅) 9주(九州) 중 가장 서북방에 위치한 한주(漢州)의 영토는 한반도 서북부 지역과 현(現) 요령성(遼寧省) 동남부 지역이다.

AD 736년, 통일신라(統一新羅) 성덕왕(聖德王)은 화답하며, 완충지대로 남겨 두었던 한주(漢州)와 현(現) 태자하(太子河) 사이의 땅을 개척하고, 그곳에 패강진(浿江鎭)을 설치했다.

구당서지리지(舊唐書地理志) 안동도호부(安東都護府) 편에 의하면 AD 743년, 당(唐)은 안동도호부를 평주(平州)에서 요서고성(遼西故城)으로 옮겼는데, 요서고성(遼西故城) 또한 현(現) 난하(灤河) 서쪽 의무려산(醫巫閭山)을 기준으로 서쪽에 위치했다.

AD 758년, 당(唐)은 결국 안동도호부(安東都護府)를 폐지하였고, 안동도호부가 설치되었던 현(現) 난하(灤河)와 요하(遼河) 사이의 장수왕평양성(長壽王平壤城)과 신성(新城)은 발해국(渤海國)의 영토로 편입되었다.

따라서 장수왕평양성(長壽王平壤城)이 위치한 낙랑(樂浪) 땅은 발해국(渤海國)의 영토로 편입된 것이며, 패수(浿水)가 흐르는 낙랑(樂浪) 땅이 고려(高麗)의 영토로 승계되었다는 한중일학계(韓中日學界)의 통설(通說)은 역사적 사실이 아니다.

> 학설 212)
> AD 698년, 발해국(渤海國)이 현(現) 요하(遼河) 동쪽에서 건국되었으며,
> 안동도호부(安東都護府)가 설치되었던 현(現) 난하(灤河)와 요하(遼河) 사이
> 장수왕평양성(長壽王平壤城)과 신성(新城)은 발해국(渤海國)의 영토로 편입되었다.
> 낙랑(樂浪) 땅은 고려(高麗)가 아닌 발해국(渤海國)의 영토로 승계되었다.

6. 요양성(遼陽城)으로 승계된 장수왕평양성(長壽王平壤城)

요사지리지(遼史地理志) 서문(序文)에 의하면 요(遼)는 동쪽으로 발해국(渤海國)을 병탄(竝呑)하여 성읍(城邑) 103개를 얻었는데, 그중 하나가 당(唐)의 두 번째 안동도호부(安東都護府)가 설치되었던 장수왕평양성(長壽王平壤城)이다.

요사지리지(遼史地理志) 동경요양부(東京遼陽府) 편에 의하면

> 東京遼陽府 本朝鮮之地 漢末爲公孫度所據 傳子康 孫淵自稱燕王 建元紹漢 魏滅之 晉陷高麗 後歸慕容垂 子寶以勾麗王安 爲平州牧居之 元魏太武遣 使至其所居平壤城 遼東京本此 唐高宗平高麗 於此置安東都護府
> 後爲渤海大氏所有
>
> 동경요양부(東京遼陽府)는 본래 조선(朝鮮)의 땅이며, 한말(漢末), 공손도(公孫度)가 점거했는데 아들 공손강(公孫康)을 거쳐 손자 공손연(公孫淵)이 연왕(燕王)을 자칭(自稱)하고 소한(紹漢)이라는 연호를 사용하여 위(魏)가 멸망시켰다. 진(晉)이 고구려(高句麗)를 함락했고, 후에 모용수(慕容垂)를 섬겼는데, 아들 모용보(慕容寶)는 고구려왕(高句麗王) 안(安)을 평주목(平州牧)에 임명, 거주케 했다. 원위(元魏) 태무제(太武帝)가 평양성(平壤城)에 사신을 보냈는데 요(遼) 동경(東京)이 이곳이다. 당(唐) 고종(高宗)이 고구려(高句麗)를 평정하고 여기에 안동도호부(安東都護府)를 설치했지만 후에 발해(渤海)의 대씨(大氏)가 차지했다.
>
> 遼陽縣 本渤海國金德縣地 漢浿水縣 高麗改爲勾麗縣
> 요양현(遼陽縣), 본래 발해국(渤海國)의 금덕현(金德縣)이다.
> 한(漢) 패수현(浿水縣)이었는데 고구려(高句麗)가 구려현(句麗縣)으로 고쳤다.

요사지리지(遼史地理志) 동경요양부(東京遼陽府) 편에 동경요양부(東京遼陽府)와 치소 요양현(遼陽縣)에 관한 역사적 사실들이 잘 기록되어 있다.

주목할 점은 '동경요양부(東京遼陽府)의 영토는 본래 고조선(古朝鮮)의 영토였다'고 기록되어 있다는 점이다.

동북아고대사정립 3의 학설 140) 에 의하면

> 고중국(古中國)과 고구려(高句麗) 또는 발해국(渤海國) 간 국경은 현(現) 난하(灤河) 서쪽의 의무려산(醫巫閭山)이다.
> 요(遼)의 중경(中京)과 동경(東京) 간 경계도 의무려산(醫巫閭山)이다.

동북아고대사정립 3의 학설 121) 에 의하면

> 요(遼) 동쪽에 고려(高麗)가 접해 있다는 요사지리지(遼史地理志) 서문(序文)의 기록은 역사적 사실이다.
> 고려(高麗) 압록강(鴨淥江)은 현(現) 요하(遼河)를 지칭하며, 반면 한자(漢字)가 다른 압록강(鴨綠江)은 현(現) 요하(遼河)의 하천명으로 시작하여 현(現) 압록강(鴨綠江)에 이르렀다.
> 요(遼)와 고려(高麗) 간 국경은 현(現) 요하(遼河) 유역이다.

요(遼) 동경요양부(東京遼陽府)의 영토는 서쪽으로 현(現) 난하(灤河) 서쪽 의무려산(醫巫閭山)까지이며, 동쪽으로는 현(現) 요하(遼河) 유역에 이른다.

따라서 요사지리지(遼史地理志) 동경요양부(東京遼陽府) 편에는, 현(現) 난하(灤河) 유역을 지배했던 고조선(古朝鮮)·한(漢)·공손씨(公孫氏)·위(魏)·진(晉)·모용선비(慕容鮮卑)·고구려(高句麗)·발해국(渤海國)에 관한 역사가 기록되어 있다.

> 학설 213)
> 요(遼) 동경요양부(東京遼陽府)의 영토는 서쪽으로 현(現) 난하(灤河) 서쪽 의무려산(醫巫閭山)까지이며, 동쪽으로는 현(現) 요하(遼河) 유역에 이른다.
> 따라서 요사지리지(遼史地理志) 동경요양부(東京遼陽府) 편에는 현(現) 난하(灤河) 유역을 지배했던 고조선(古朝鮮)·한(漢)·공손씨(公孫氏)·위(魏)·진(晉)·모용선비(慕容鮮卑)·고구려(高句麗)·발해국(渤海國)에 관한 역사가 기록되어 있다.

요(遼) 동경(東京)의 명칭이 요양현(遼陽縣)인 이유는 당(唐)이 본래 낙랑(樂浪) 땅의 동북부에 해당하는 이 지역을 연(燕) 요동군 양평현(襄平縣)이자 한(漢) 요동군 요양현(遼陽縣)으로 조작했기 때문이다.

이 지역은 한(漢) 낙랑군(樂浪郡) 패수현(浿水縣)에서 고구려(高句麗) 구려현(句麗縣)과 발해국(渤海國) 금덕현(金德縣)을 거쳐 요양현(遼陽縣)으로 이어졌다.

따라서 '요(遼) 요양현(遼陽縣)이 위치한 곳은 요동(遼東)'이라는 한중일학계(韓中日學界)의 통설(通說)은 역사적 사실이 아니며, 한(漢) 낙랑군(樂浪郡) 패수현(浿水縣)을 승계한 요양현(遼陽縣)은 분명히 낙랑(樂浪) 땅에 위치하고 있다.

요사지리지(遼史地理志) 동경요양부(東京遼陽府) 편에는 고구려(高句麗)에 대한 기록을 이어가다가 '원위(元魏) 태무제(太武帝)가 평양성(平壤城)에 사신을 보냈는데, 요(遼) 동경(東京)이 바로 이곳'이라고 기록되어 있다.

이는 원위(元魏), 즉 북위(北魏) 태무제(太武帝)의 사신이 방문한 낙랑(樂浪) 땅의 평양성(平壤城)은 요(遼) 동경(東京), 즉 요양성(遼陽城)으로 승계되었음을 보여준다.

동북아고대사정립 2의 학설 109) 에 의하면

> **평양성(平壤城)이라 불리운 고구려(高句麗)의 수도는 동천왕평양성(東川王平壤城), 장수왕평양성(長壽王平壤城) 그리고 마지막 수도인 장안성(長安城)이다.**
> **3개의 성(城) 중, 낙랑(樂浪) 땅에 위치한 유일한 성(城)은**
> **장수왕평양성(長壽王平壤城)이다.**

요양현(遼陽縣)이 낙랑(樂浪) 땅에 위치한 것이 명백하므로, 그 요양성(遼陽城)이 장수왕평양성(長壽王平壤城)을 승계하였음도 분명하다.

게다가 북위(北魏) 태무제(太武帝)의 재위기간〈AD 423 ~ 452년〉에는 고구려(高句麗)의 마지막 수도인 장안성(長安城), 즉 보장왕평양성(寶臧王平壤城)이 존재하지도 않았다.

동북아고대사정립 2의 학설 104 에 의하면

> 고구려(髙句麗)의 네 번째 수도인 동천왕평양성(東川王平壤城)은 통일신라(統一新羅) 한주(漢州) 서쪽 국경에 접해 있는 요(遼) 암연현(巖淵縣)에 위치한다.

동천왕평양성(東川王平壤城)은 임둔(臨屯) 땅의 요(遼) 암연현(巖淵縣)에 위치해 있었기 때문에, 낙랑(樂浪) 땅의 요(遼) 요양현(遼陽縣)에 위치한 평양성(平壤城)과는 동일한 성(城)이 될 수 없다.

게다가 동천왕평양성(東川王平壤城)은 동경요양부(東京遼陽府)의 동쪽 경계 지역에 위치해 있었다.

수경주(水經注) 패수(浿水) 편에 의하면

> 余訪蕃使 言城在浿水之陽 其水西流 逕故樂浪朝鮮縣即樂浪郡治 而西北流
> 내가 고구려(髙句麗) 사신을 만나 물으니 대답하기를 '성(城)은 패수(浿水) 북쪽에 있으며, 패수(浿水)는 서쪽으로 흘러 고(故) 낙랑군(樂浪郡) 치소 조선현(朝鮮縣)을 지나 서북쪽으로 흐른다'고 했다.

수경주(水經注)의 저자 역도원(酈道元)은 북위(北魏) 사람으로, 그의 생애 동안 고구려(髙句麗) 수도는 장수왕평양성(長壽王平壤城)이다.

따라서 수경주(水經注)에서 고구려(髙句麗) 사신이 언급한 고구려(髙句麗)의 수도는 장수왕평양성(長壽王平壤城)이다.

'성(城)의 남쪽에서 흐르는 패수(浿水)는 서쪽으로 흘러, 고(故) 낙랑군(樂浪郡) 치소 조선현(朝鮮縣)을 지난다'고 기록되어 있으므로, 장수왕평양성(長壽王平壤城)은 낙랑(樂浪) 땅에 위치하고 있음이 명백하다.

이처럼 수경주(水經注)의 기록 또한 장수왕평양성(長壽王平壤城)이 요동(遼東)이 아닌 낙랑(樂浪) 땅에 위치했음을 알려 주고 있다.

7. 한(漢) 낙랑군(樂浪郡) 동북부 지역에 위치한 장수왕평양성(長壽王平壤城)

요사지리지(遼史地理志) 동경요양부(東京遼陽府) 편에 의하면

> 遼陽縣 本渤海國金德縣地 漢浿水縣 高麗改為勾麗縣
> 요양현(遼陽縣), 본래 발해국(渤海國)의 금덕현(金德縣)이다.
> 한(漢) 패수현(浿水縣)이었는데 고구려(高句麗)가 구려현(句麗縣)으로 고쳤다.

한(漢) 낙랑군(樂浪郡) 패수현(浿水縣)은 고구려(高句麗) 구려현(句麗縣)으로 승계되었으며, 장수왕평양성(長壽王平壤城)이 축성된 고구려(高句麗) 구려현(句麗縣)은 요(遼) 요양현(遼陽縣)으로 승계되었다.

수경주(水經注) 패수(浿水) 편에 인용된 십삼주지(十三州志)에 의하면

> 十三州志曰 浿水縣在樂浪東北 鏤方縣在郡東 盖出其縣南逕鏤方也
> 십삼주지(十三州志)에서 말하기를 '패수현(浿水縣)은 낙랑군(樂浪郡) 동북부 지역에 있으며, 누방현(鏤方縣)은 낙랑군(樂浪郡) 동부 지역에 있는데 패수(浿水)는 패수현(浿水縣) 남부 지역에서 나와 누방현(鏤方縣)을 지난다'고 했다.

장수왕평양성(長壽王平壤城)이 축성된 패수현(浿水縣)에서 시작된 패수(浿水)가 패수현(浿水縣) 남쪽 누방현(鏤方縣)을 지난 뒤 서쪽으로 흘러 왕험성(王險城) 북쪽을 지났기 때문에 고조선(古朝鮮)의 수도 왕험성(王險城)은 장수왕평양성(長壽王平壤城) 서남쪽에 인접해 있음을 알 수 있다.

> **학설 214)**
> 장수왕평양성(長壽王平壤城)은 전한낙랑군패수(前漢樂浪郡浿水)의 발원지인 한(漢) 낙랑군(樂浪郡) 패수현(浿水縣)을 승계한 요(遼) 동경요양부(東京遼陽府) 요양현(遼陽縣) 내에 위치한다.
> 고조선(古朝鮮)의 수도 왕험성(王險城)은 장수왕평양성(長壽王平壤城) 서남쪽에 인접해 있다.

요사지리지(遼史地理志) 동경요양부(東京遼陽府) 편에는 '동경(東京)을 기준으로 동쪽 북오로호극(北烏魯虎克)까지 400리(里), 남쪽 해변(海邊)의 철산(鐵山)까지 860리(里), 서쪽 망평현(望平縣) 해구(海口)까지 360리(里), 북쪽 읍루현(挹婁縣)과 범하(范河)까지 270리(里)'라고 기록되어 있다.

요(遼) 동경(東京), 즉 장수왕평양성(長壽王平壤城)이 위치한 곳은 한(漢) 낙랑군(樂浪郡) 동북부 지역으로, 전한낙랑군패수(前漢樂浪郡浿水)의 발원지인 산악지대이다.

특히 여기서 말하는 망평현(望平縣) 해구(海口)는 한서지리지(漢書地理志)에 의하면 본래 안시현(安市縣) 해구(海口)이며, 한(漢) 요동군(遼東郡) 양평현(襄平縣)에 위치한 고구려(高句麗) 요동성(遼東城)은 이 안시현(安市縣) 해구(海口) 북쪽에 위치한다.

따라서, 이러한 지리적 관계를 토대로 고구려(高句麗) 요동성(遼東城) 동남쪽 300리(里) 전후 지점에 장수왕평양성(長壽王平壤城)이 위치함을 추론할 수 있다.

정리해 보면 현(現) 난하(灤河) 동쪽 360리(里) 지점에 위치한 장수왕평양성(長壽王平壤城)을 기준으로 남쪽 바다까지의 거리는 860리(里) 전후이며, 동쪽 400리(里) 지점인 북오로호극(北烏魯虎克)의 동쪽에 현(現) 요하(遼河)가 흐르고 있다.

장수왕평양성(長壽王平壤城)에서 동쪽으로 현(現) 요하(遼河)까지 당(唐) 기준척(基準尺)으로 620리(里) 전후이며, 요하(遼河) 동쪽 현(現) 요양시(遼陽市) 보장왕평양성(寶臧王平壤城)까지는 800리(里)이다.

> **학설 215)**
> 현(現) 난하(灤河) 동쪽 360리(里) 지점에 위치한 장수왕평양성(長壽王平壤城)을 기준으로 남쪽 바다까지의 거리는 860리(里) 전후이며, 서북쪽으로 300리(里) 전후 지점에 고구려(高句麗) 요동성(遼東城)이 위치하고, 동쪽으로 620리(里) 전후 지점에 현(現) 요하(遼河)가 흐르는데, 요하(遼河) 동쪽 현(現) 요양시(遼陽市) 보장왕평양성(寶臧王平壤城)까지는 800리(里)이다.

8. 요동군고성(遼東郡故城)으로 왜곡된 장수왕평양성(長壽王平壤城)

한중일학계(韓中日學界)의 통설(通說)에 의하면 요양성(遼陽城)은 고구려(高句麗) 요동성(遼東城)을 승계했다.

반면, 본 연구자의 주장에 의하면 요양성(遼陽城)은 낙랑(樂浪) 땅에 위치한 장수왕평양성(長壽王平壤城)을 승계했다.

한중일학계(韓中日學界)의 통설(通說)에 의하면 요양성(遼陽城)과 장수왕평양성(長壽王平壤城)은 각각 현(現) 요양시(遼陽市)와 평양시(平壤市)에 위치하며, 당(唐) 기준척(基準尺)으로 천여리(千餘里) 떨어져 있다.

반면, 본 연구자의 주장에 의하면 요양성(遼陽城)과 장수왕평양성(長壽王平壤城)은 동일한 성(城)이며, 현(現) 난하(灤河) 동쪽 360리(里) 지점에 위치한다.

이와 관련해, 고구려(高句麗) 요동성(遼東城) 역시 현(現) 난하(灤河) 동쪽 유역에 위치했으며, 두 성(城) 간 거리는 300리(里) 전후로 가까웠다.

따라서, 고구려(高句麗) 요동성(遼東城)이 위치한 한(漢) 요동군(遼東郡) 영토와 요양성(遼陽城)이 위치한 한(漢) 낙랑군(樂浪郡) 영토는 모두 요(遼) 동경요양부(東京遼陽府)의 영토에 포함되었다.

시간이 흐르면서 당(唐)의 역사 왜곡이 학계에 영향을 미친 결과, 요양성(遼陽城)은 한(漢) 요동군(遼東郡) 치소 양평성(襄平城)으로 오인되었고, 실제 양평성(襄平城)인 고구려(高句麗) 요동성(遼東城)은 역사 속에서 잊혀졌다.

안동도호부(安東都護府)가 자신들이 상주한 성의 역사적 정체성을 모를리 없다.

당(唐)의 군정 기관인 안동도호부(安東都護府)가 장수왕평양성(長壽王平壤城)을 요동군성(遼東郡城)으로 개칭하고, '안동도호부(安東都護府)를 요동군성(遼東郡城)으로 옮겼다'고 기록한 것은 명백한 역사 왜곡이다.

9. 안시성(安市城)으로 승계된 고조선(古朝鮮)의 수도 왕험성(王險城)

요사지리지(遼史地理志) 동경요양부(東京遼陽府) 편에 의하면

> 鐵州建武軍 本漢安市縣高麗為安市城 唐太宗攻之不下 白衣登城即此
> 在京西南六十里
>
> 철주(鐵州) 건무군(建武軍), 본래 한(漢) 안시현(安市縣)이며, 고구려(高句麗) 시기에는 안시성(安市城)이다. 당(唐) 태종(太宗)이 공격했으나 함락시키지 못했다. 설인귀(薛仁貴)가 백의(白衣)를 입고 오른 성(城)이 바로 이곳이다.
> 동경(東京)에서 서남쪽으로 60리(里) 지점에 위치한다.

'요(遼) 철주(鐵州)는 본래 한(漢) 안시현(安市縣)'이라는 기록은 역사적 사실이 아니다.

요(遼) 철주(鐵州)는 동경(東京), 즉 요양성(遼陽城) 서남쪽 60리(里) 지점에 위치하고 있는데, 요양성(遼陽城)은 한(漢) 낙랑군(樂浪郡) 동북부 지역에 위치하기 때문에, 요(遼) 철주(鐵州) 또한 한(漢) 낙랑군(樂浪郡) 동북부 지역에 위치한다.

반면, 한서지리지(漢書地理志)에 의하면 대요수(大遼水)는 한(漢) 요동군(遼東郡) 안시현(安市縣)에서 낙랑서해(樂浪西海)로 입해(入海)하기 때문에, 안시현(安市縣)은 한(漢) 낙랑군(樂浪郡) 서북부 지역의 북쪽에 위치하며, 현(現) 난하(灤河)에 접해 있다.

따라서 '안시현(安市縣)'이라는 행정명은 동쪽으로 옮겨진 것이며, 고구려(高句麗)가 왕험성(王險城)을 안시성(安市城)으로 개칭하면서 조선현(朝鮮縣)도 안시현(安市縣)으로 개칭된 것이다.

이후 요(遼)는 고구려의 안시현(安市縣)과 안시성(安市城)을 각각 철주(鐵州)와 철주성(鐵州城)으로 다시 이름 붙였다.

AD 32년, 낙랑국(樂浪國)을 멸망시킨 고구려(高句麗)는 AD 37년, 한(漢) 낙랑군(樂浪郡)까지 무너뜨리며 기자조선(箕子朝鮮)과 위만조선(衛滿朝鮮)을 아우르는 낙랑조선(樂浪朝鮮)의 흔적을 지우려 했다.

이후, 낙랑(樂浪) 땅의 패수현(浿水縣)을 예맥조선(濊貊朝鮮)을 상징하는 구려현(句麗縣)으로 개칭하고, 그곳에 장수왕평양성(長壽王平壤城)을 축성한 고구려(髙句麗)가 낙랑조선(樂浪朝鮮)을 상징하는 왕험성(王險城)이라는 행정명을 고수할 이유는 없다.

> 학설 214) 에 의하면
>
> 장수왕평양성(長壽王平壤城)은 전한낙랑군패수(前漢樂浪郡浿水)의 발원지인 한(漢) 낙랑군(樂浪郡) 패수현(浿水縣)을 승계한 요(遼) 동경요양부(東京遼陽府) 요양현(遼陽縣) 내에 위치한다.
> 고조선(古朝鮮)의 수도 왕험성(王險城)은 장수왕평양성(長壽王平壤城) 서남쪽에 인접해 있다.

장수왕평양성(長壽王平壤城)이 위치한 패수현(浿水縣) 서남쪽에 왕험성(王險城)이 위치한 조선현(朝鮮縣)이 접해 있다.

요(遼) 동경(東京) 서남쪽 60리(里) 지점에 위치한 안시성(安市城)을 감안하면, 두 현(縣)은 접해 있을 수밖에 없다.

정리해 보면 고구려(髙句麗) 안시성(安市城)이 위치한 곳은 장수왕평양성(長壽王平壤城) 서남쪽 60리(里) 지점이며, 안시성(安市城)은 고조선(古朝鮮)의 수도 왕험성(王險城)을 승계한 성(城)이다.

고조선(古朝鮮)의 수도 왕험성(王險城), 즉 고구려(髙句麗) 안시성(安市城)은 현(現) 난하(灤河) 동쪽 300리(里) 지점에 위치한다.

> 학설 216)
> 고구려(髙句麗) 안시성(安市城)이 위치한 곳은 장수왕평양성(長壽王平壤城) 서남쪽 60리(里) 지점이며, 안시성(安市城)은 왕험성(王險城)을 승계한 성(城)이다.
> 고조선(古朝鮮)의 수도 왕험성(王險城), 즉 고구려(髙句麗) 안시성(安市城)은 현(現) 난하(灤河) 동쪽 300리(里) 지점에 위치한다.

第4節
안티(anti) 두우(杜佑) 표(表)

한서(漢書), 후한서(後漢書), 수경주(水經注), 요사(遼史) 등의 사료를 연구한 결과, 본 연구자는 두우(杜佑)의 주장과는 다른 역사적 인식을 얻게 되었다.

이러한 새로운 인식을 '안티(anti) 두우(杜佑)'라 칭한다.

만약 두우(杜佑)의 주장이 옳다면, 현(現) 요양시(遼陽市)에 한(漢) 양평성(襄平城)과 요양성(遼陽城)이 있어야 하며, 요양시(遼陽市) 남쪽 천여리(千餘里) 지점에 장수왕평양성(長壽王平壤城)이 있어야 한다.

반면, 안티(anti) 두우(杜佑)의 주장이 옳다면, 현(現) 난하(灤河) 동쪽 360리(里) 지점에 장수왕평양성(長壽王平壤城)을 승계한 요양성(遼陽城)이 있어야 한다.

또한 현(現) 요양시(遼陽市)에는 고구려(高句麗)의 마지막 수도인 장안성(長安城), 즉 보장왕평양성(寶臧王平壤城)이 있어야 한다.

이 두 주장을 간략하게 표(表)로 정리해 보자.

안티(anti) 두우(杜佑) 표(表)	
두우(杜佑)	• 현(現) 요양시(遼陽市)에 요양성(遼陽城)이 있다. • 요양시(遼陽市) 남쪽 천여리(千餘里) 지점에 장수왕평양성(長壽王平壤城)이 있다.
안티(anti) 두우(杜佑)	• 현(現) 난하(灤河) 동쪽 360리(里) 지점에 장수왕평양성(長壽王平壤城)을 승계한 요양성(遼陽城)이 있다. • 현(現) 요양시(遼陽市)에 보장왕평양성(寶臧王平壤城)이 있다.

지리, 좌표 체계, 거리 정보, 역사 서사, 사료 해석, 역사 계승 측면에서 두 주장은 서로 명확히 충돌하므로 공존할 수 없으며, 어느 쪽이 옳은지 또는 어느 쪽에 오류가 있는지를 판가름할 수 있는 검증 수단은 두우(杜佑)와 동시대 학자가 남긴 기록뿐이다.

이는 통전(通典)이 널리 알려진 이후에 저술된 사서(史書)들은 대부분 그 영향을 받아 내용이 오염되었기 때문이다.

두우(杜佑)의 생애는 AD 735 ~ 812년이며, 가탐(賈耽)의 생애는 AD 730 ~ 805년이다.

두 인물은 동시대를 살았기 때문에 서로의 저서에 영향을 받지 않았다.

특히, 가탐(賈耽)은 고중국(古中國) 역사상 최고의 지리학자로 평가 받는 인물이다.

이에 따라 본 연구자는 가탐도리기(賈耽道里記)를 검증 수단으로 삼아, 안티(anti) 두우(杜佑) 표(表) 연구에서 제시된 두 주장 중 어느 쪽이 타당하고, 어느 쪽에 오류가 있는지를 검토하고자 한다.

가탐(賈耽)은 당(唐) 덕종(德宗) 재위기간에 고위 관료였으며, 역사지리에 깊은 관심을 가져 고금군국도현사이술(古今郡國道縣四夷述)을 저술했고, 역사지도인 해내화이도(海內華夷圖)를 남겼다.

무엇보다 가탐도리기(賈耽道里記)는 신당서(新唐書)에 수록되어 있는 정사서(正史書)의 일부이다.

신당서(新唐書)는 구당서(舊唐書)가 미흡하다는 평가를 받자, 송(宋) 인종(仁宗)의 명령으로 17년 동안 편찬하여 AD 1060년에 완성된 당(唐)의 정사서(正史書)이다.

이는 신당서(新唐書)의 편찬자들이 가탐도리기(賈耽道里記)를 면밀히 검토한 끝에 그 가치를 인정하고, 그 내용을 공인했다는 의미이다.

여러 요소를 종합해볼 때, 가탐도리기(賈耽道里記)는 두우(杜佑)의 저서인 통전(通典)에 비해 그 권위에 있어 뒤쳐지지 않는다.

따라서 가탐도리기(賈耽道里記)는 안티(anti) 두우(杜佑) 표(表)를 검증하는 데 있어 최선의 사료라 할 수 있다.

第5節
안티(anti) 두우(杜佑) 표(表) 검증

안티(anti) 두우(杜佑) 표(表)	
두우(杜佑)	• 현(現) 요양시(遼陽市)에 요양성(遼陽城)이 있다. • 요양시(遼陽市) 남쪽 천여리(千餘里) 지점에 장수왕평양성(長壽王平壤城)이 있다.
안티(anti) 두우(杜佑)	• 현(現) 난하(灤河) 동쪽 360리(里) 지점에 장수왕평양성(長壽王平壤城)을 승계한 요양성(遼陽城)이 있다. • 현(現) 요양시(遼陽市)에 보장왕평양성(寶臧王平壤城)이 있다.

신당서(新唐書) 지리지(地理志)에 수록된 가탐도리기(賈耽道里記)에 의하면

> 營州東百八十里至燕郡城 又經汝羅守捉 渡遼水至安東都護府五百里 府故漢襄平城也 東南至平壤城八百里
>
> 영주(營州)에서 동쪽으로 180리(里)를 가면 연군성(燕郡城)에 도달한다.
> 다시 여라수착(汝羅守捉)을 지나 요수(遼水)를 건너면 안동도호부(安東都護府)에 도달하며, 그 거리는 500리(里)이다.
> 도호부(都護府)는 옛 한(漢)의 양평성(襄平城)이며, 동남쪽으로 평양성(平壤城)에 도달하기까지 800리(里)이다.

영주(營州)와 안동도호부(安東都護府) 간 거리는 680리(里)임을 알 수 있으며, 연군성(燕郡城)과 안동도호부(安東都護府) 사이에는 요수(遼水)가 위치하는데, 이는 당(唐) 시기의 요수(遼水)이므로 대요수(大遼水)이다.

연군성(燕郡城)과 안동도호부(安東都護府) 간 거리 500리(里) 중, 연군성(燕郡城)과 대요수(大遼水) 간 거리는 100리(里) 전후이며, 나머지 400리(里) 전후는 대요수(大遼水)와 안동도호부(安東都護府) 간 거리로 추정할 수 있다.

따라서 당(唐) 영주(營州)와 대요수(大遼水) 간 거리는 280리(里) 전후로 추정된다.

요사지리지(遼史地理志) 동경요양부(東京遼陽府) 편에 의하면 안동도호부(安東都護府)가 설치된 요양성(遼陽城)에서 서쪽으로 망평현(望平縣) 해구(海口)까지의 거리는 360리(里)이다.

한서지리지(漢書地理志) 요동군(遼東郡) 편에 의하면

> 望平 大遼水出塞外 南至安市 入海 行千二百五十里
> 망평현(望平縣), 대요수(大遼水)가 새외(塞外)에서 들어와 남쪽으로 흘러 안시현(安市縣)에 이르러 입해(入海)한다. 1,250리(里)를 흐른다.

요양성(遼陽城) 서쪽 360리(里) 지점에 위치한 망평현(望平縣) 해구(海口)는 대요수(大遼水)의 일부이며, 이 해구(海口) 북쪽이자 여라수착(汝羅守捉) 동쪽에 인접한 대요수(大遼水)로부터 동남쪽 400리(里) 전후 지점에 가탐도리기(賈耽道里記)의 안동도호부(安東都護府)가 위치하고 있다.

따라서 가탐도리기(賈耽道里記)의 안동도호부(安東都護府)와 요사지리지(遼史地理志)의 요양성(遼陽城)은 동일한 위치이며, 당(唐) 영주(營州)에서 동남쪽 680리(里) 지점에 위치한다.

종합하면, 가탐도리기(賈耽道里記)에 기록된 안동도호부(安東都護府)는 대요수(大遼水) 동쪽 360리(里) 지점의 요양성(遼陽城)과 동일한 위치이며, 요양성(遼陽城) 서북쪽 680리(里) 지점에 당(唐) 영주(營州)가 위치하고, 당(唐) 영주(營州)와 대요수(大遼水) 간 거리는 280리(里) 전후이다.

> **학설 217)**
> 가탐도리기(賈耽道里記)에 기록된 안동도호부(安東都護府)는 대요수(大遼水) 동쪽 360리(里) 지점의 요양성(遼陽城)과 동일한 위치이다.
> 요양성(遼陽城) 서북쪽 680리(里) 지점에 당(唐) 영주(營州)가 위치하며,
> 당(唐) 영주(營州)와 대요수(大遼水) 간 거리는 280리(里) 전후이다.

요양성(遼陽城)이 대요수(大遼水) 동쪽 360리(里) 지점에 위치한다는 요사지리지(遼史地理志)의 기록은 가탐도리기(賈耽道里記)의 기록과 상호 검증된다.

이 교차 검증에 의하면, 요양성(遼陽城)은 현(現) 요양시(遼陽市) 내에 위치할 수 없다.

'대요수(大遼水)가 현(現) 요하(遼河)'라면, 당(唐) 기준척(基準尺)으로 대요수(大遼水) 동쪽 360리(里) 지점에 위치한 요양성(遼陽城)은 현(現) 요령성(遼寧省) 동쪽 경계에 위치해야 하기 때문이다.

> 학설 218)
> '대요수(大遼水)가 현(現) 요하(遼河)'라면, 당(唐) 기준척(基準尺)으로 대요수(大遼水) 동쪽 360리(里) 지점에 위치한 요양성(遼陽城)은 현(現) 요령성(遼寧省) 동쪽 경계에 위치해야 한다.
> 따라서 '대요수(大遼水)는 현(現) 요하(遼河)이고, 요양성(遼陽城)은 현(現) 요양시(遼陽市)에 위치한다'는 한중일학계(韓中日學界)의 통설(通說)은 사실과 다르다.

가탐(賈耽)은 '대요수(大遼水)가 현(現) 난하(灤河)'라는 전제에서 도리기(道里記)를 저술했다.

'요양성(遼陽城) 동남쪽 800리(里) 지점에 평양성(平壤城)이 있다'는 가탐(賈耽)의 기록은 '현(現) 난하(灤河) 동쪽 1,160 리(里) 지점인 현(現) 요양시(遼陽市)에 보장왕평양성(寶臧王平壤城)이 있다'는 주장과 다를 바 없기 때문이다.

> 학설 219)
> 가탐(賈耽)은 '대요수(大遼水)가 현(現) 난하(灤河)'라는 전제에서 도리기(道里記)를 저술했다.
> '요양성(遼陽城) 동남쪽 800리(里) 지점에 평양성(平壤城)이 있다'는 가탐(賈耽)의 기록은 '현(現) 난하(灤河) 동쪽 1,160 리(里) 지점인 현(現) 요양시(遼陽市)에 보장왕평양성(寶臧王平壤城)이 있다'는 주장과 다를 바 없다.

가탐(賈耽)은 도리기(道里記)에 '안동도호부(安東都護府) 동남쪽 800리(里) 지점에 평양성(平壤城)이 있다'고 기록했으며, 여기서의 평양성(平壤城)은 보장왕평양성(寶臧王平壤城)을 지칭한다.

반면, 두우(杜佑)는 '현(現) 요양시(遼陽市) 남쪽 천여리(千餘里) 지점에 평양성(平壤城)이 있다'고 기록했다.

당(唐) 영주(營州)를 기준으로 보장왕평양성(寶臧王平壤城)의 위치를 살펴보아도, 가탐도리기(賈耽道里記)의 기록은 두우(杜佑)의 기록과 큰 차이를 보인다.

가탐도리기(賈耽道里記)에 의하면 당(唐) 영주(營州)는 대요수(大遼水) 서쪽 280리(里) 전후 지점에 위치하며, 당(唐) 영주(營州) 동남쪽 680리(里) 지점에 요양성(遼陽城)이, 1,480리(里) 지점에 보장왕평양성(寶臧王平壤城)이 위치한다.

이는 현(現) 난하(灤河)에서 1,200리(里) 전후 지점에 보장왕평양성(寶臧王平壤城)이 있다는 의미이며, '현(現) 난하(灤河) 동쪽 1,160리(里)〈360리 + 800리〉 지점에 보장왕평양성(寶臧王平壤城)이 위치한다'는 안티(anti) 두우(杜佑)의 주장과 일치한다.

한편, 대요수(大遼水)를 현(現) 요하(遼河)로 본다 하더라도, 당(唐) 영주(營州)는 현(現) 요하(遼河) 서쪽 280리(里) 전후 지점에 위치해야 하므로, '영주(營州)는 현(現) 조양시(朝陽市)'라는 한중일학계(韓中日學界)의 통설(通說)은 역사적 사실이 아니다.

또한 대요수(大遼水)가 현(現) 요하(遼河)라면, 현(現) 요하(遼河) 동쪽 360리(里) 지점의 요양성(遼陽城)을 기준으로 동남쪽 800리(里) 지점에 위치한 가탐(賈耽)의 보장왕평양성(寶臧王平壤城)은 한반도 동해안 경계 지역에서 찾아야 한다.

> **학설 220)**
> 당(唐) 영주(營州)는 현(現) 난하(灤河) 서쪽 280리(里) 전후 지점에 위치한다.
> 당(唐) 영주(營州) 동남쪽 1,480리(里) 지점에 위치한 보장왕평양성(寶臧王平壤城)은 현(現) 요양시(遼陽市) 내에 위치한다.

第6節
안티(anti) 두우(杜佑) 표(表)를 검증한 결과

한중일학계(韓中日學界)의 통설(通說)에 견고한 버팀목 역할을 하고 있는 두우(杜佑)의 기록을 비교연구(比較硏究)를 통해 검증하고자, 안티(anti) 두우(杜佑) 표(表)를 작성하였으며, 다음과 같은 연구 결과에 도달했다.

1. 두우(杜佑)는 자신의 저서인 통전(通典)에 '요동(遼東) 남쪽 천여리(千餘里) 지점에 평양성(平壤城)이 있다'고 기록했다.

2. 두우(杜佑)의 기록이 옳은지 검증하기 위해 여러 사서(史書)들을 연구한 결과, 당(唐)이 역사 왜곡을 자행했으며, 당(唐)의 역사 왜곡은 두우(杜佑)의 오인를 야기시켰고, 두우(杜佑)는 오인을 바탕으로 잘못된 주장을 했음을 알 수 있었다.

3. 두우(杜佑)의 주장과 본 연구자의 주장이 상반되므로, 어느 쪽이 옳은지 객관적으로 검증하기 위해 통전(通典)과 동시대의 기록인 신당서지리지(新唐書地理志)에 수록된 가탐도리기(賈耽道里記)를 연구했다.

    그 결과, '요동(遼東) 남쪽 천여리(千餘里) 지점에 평양성(平壤城)이 있다'는 두우(杜佑)의 기록은 역사적 사실이 아님을 검증할 수 있었다.

4. 검증 과정에서 다음과 같은 누구나 이해하기 쉬운 객관적인 지리적 근거를 제시했다.

    '만약 현(現) 요하(遼河)가 대요수(大遼水)라면 당(唐) 기준척(基準尺)으로 대요수(大遼水) 동쪽 360리(里) 지점에 위치한 요양성(遼陽城)은 현(現) 요령성(遼寧省) 동쪽 경계에 위치해야 한다'.

5. 검증 과정에서 가탐(賈耽)은 현(現) 난하(灤河)가 대요수(大遼水)라는 전제에서 도리기(道里記)를 저술했음을 확인했다.

6. 검증 과정에서 당(唐) 영주(營州)는 현(現) 난하(灤河) 서쪽에 위치하고 있음을 확인할 수 있었으며, 영주(營州)에서 동남쪽 1,480리(里) 지점에 위치한 평양성(平壤城)은 현(現) 요양시(遼陽市) 내에 위치하고 있음을 알 수 있었다.

참고문헌

괄지지(括地志) 〈 이태(李泰) 〉

통전(通典) 〈 두우(杜佑) 〉

한서(漢書) 〈 반고(班固) 〉

후한서(後漢書) 〈 범엽(范曄) 〉

수경주(水經注) 〈 역도원(酈道元) 〉

구당서(舊唐書) 〈 유후(劉煦) 등 〉

신당서(新唐書) 〈 구양수(歐陽修) 등 〉

삼국사기(三國史記) 〈 김부식(金富軾) 〉

요사(遼史) 〈 탈탈(脫脫) 〉

동북아고대사정립(東北亞古代史正立) 1 〈 김석주(金錫柱) 〉

동북아고대사정립(東北亞古代史正立) 2 〈 김석주(金錫柱) 〉

동북아고대사정립(東北亞古代史正立) 3 〈 김석주(金錫柱) 〉

第17章

논문(論文)
고구려(高句麗) 영토고표(領土考表)

수(隋)·당(唐)과의 전쟁 직전 고구려(髙句麗) 영토고표(領土考表)

고구려(髙句麗) 광개토대왕 이후 수백 년 동안 고중국(古中國)과 고구려(髙句麗) 사이에 국경의 변동을 초래할만한 큰 충돌은 발생하지 않았다.

본 연구의 목적은 '고구려(髙句麗)가 고조선(古朝鮮)의 영토를 대부분 승계했다'는 본 연구자의 주장을 검증하기 위하여 고구려(髙句麗) 영토고표(領土考表)를 작성하는 데 있다.

고구려(髙句麗) 영토고표(領土考表)의 시점은 수(隋)·당(唐)과의 전쟁이 시작된 AD 598년이다.

第1節
연구 범위 및 구성

본 연구자는 고조선(古朝鮮)의 영토에 관한 한중일학계(韓中日學界)의 통설(通說)은 역사적 사실이 아니라고 주장하였으며, 이에 따라 고조선(古朝鮮)의 영토를 연구하여 고조선(古朝鮮) 영토고표(領土考表) 초안(草案)과 완성본(完成本)을 작성했다.

고조선(古朝鮮) 영토고표(領土考表)는 동북아고대사정립(東北亞古代史正立) 2에 수록되어 있다.

'고구려(髙句麗)가 고조선(古朝鮮)의 영토를 대부분 승계했다'는 주장을 검증하기 위해서는 양자의 비교연구(比較研究)가 필수적이다.

이에 본 연구에서는 비교연구(比較研究)를 자연스럽게 병행하기 위해 별도의 고구려(髙句麗) 영토고표(領土考表)의 초안(草案)을 따로 만드는 대신, 고조선(古朝鮮) 영토고표(領土考表)의 완성본(完成本)을 바탕으로 고구려(髙句麗) 영토고표(領土考表)의 완성본(完成本)을 작성하고자 한다.

고조선(古朝鮮) 영토고표(領土考表) 완성본(完成本)

	선비(鮮卑)	부여국(夫餘國)				읍루(挹婁)	
	예맥 땅 서부 지역 서안평현 마자수(馬訾水) 하류	예맥 땅 서부 지역 제2현도군 마자수(馬訾水) 상류	예맥 땅 중부 지역	현요하現遼河	개마대산	예맥 땅 동부 지역	한반도동해
패수浿水	진요동 북부 지역 진고공지 유성현 [당(唐) 영주] 요택(遼澤)	낙랑 땅 북부 지역 요동외요 양평현	대요수현난하現灤河	고(古) 옥저 제1 현도군 환도성		동옥저	
	진요동 중부 지역 진고공지 교려현 험독현 의무려산			살수(薩水)	단단대령	현(現) 압록강(鴨綠江)	
		낙랑 땅 남부 지역 전한 낙랑군 장수왕 평양성 왕험성(王險城)		임둔 땅 예국(濊國) 영동(嶺東) 7현(縣) 후한 낙랑군		진번 땅 맥국(貊國) 진한(辰韓)	
	진요동 남부 지역 진고공지 임유현 만리장성 동단 임유관(臨渝關)			산해관(山海關)			
			황해 바다				

[출처: 김석주, 동북아고대사정립(東北亞古代史正立) 2, P. 38]

삼국사기(三國史記) 고구려본기(高句麗本紀)에 의하면 AD 598년, 고구려(高句麗) 영양왕(嬰陽王)이 만여 명의 말갈족(靺鞨族)으로 구성된 병사들을 거느리고 친히 수(隋) 요서군(遼西郡)을 공격하면서 수(隋)·당(唐)과 고구려(高句麗) 간의 70년 전쟁이 시작되었다.

고구려(高句麗)와의 지속적인 전쟁이 한 요인이 되어 수(隋)는 결국 스스로 무너졌으며, 고중국(古中國) 왕조(王朝)는 당(唐)으로 교체되었다.

AD 668년, 고구려(高句麗) 또한 당(唐)과 신라(新羅)의 연합군에 의해 멸망했다.

AD 598년의 고구려(高句麗) 영토에 관해 연구하기 위해서는 고구려(高句麗) 역사의 정사서(正史書)인 삼국사기(三國史記)를 먼저 연구하고, 이어서 수서(隋書)·구당서(舊唐書)·신당서(新唐書)를 연구해야 한다.

하지만 본 연구는 수 많은 사서(史書) 연구가 이미 반영된 고조선(古朝鮮) 영토고표(領土考表) 완성본(完成本)을 기반으로 하기 때문에 포괄적인 사서(史書) 연구의 필요성은 제한적이다.

영토고표(領土考表) 작성이라는 본 연구의 목적을 효율적으로 달성하기 위해서는 다음과 같은 순서로 사안별(事案別) 연구를 하면서 필요한 사서(史書)를 찾아보는 것이 효율적이라고 생각한다.

A. 2 절(節)에서 한반도 내 고구려(高句麗) 남쪽 국경을 획정(劃定)할 것이다.

B. 3 절(節)에서 고구려(高句麗) 서쪽 국경을 획정(劃定)할 것이다

C. 4 절(節)에서 고구려(高句麗)의 영토에 대한 포괄적인 연구를 진행할 것이다.

　이때 고구려(高句麗) 북쪽 및 동쪽 한계를 함께 획정(劃定)할 것이다.

D. 5 절(節)에서 고구려(高句麗) 영토고표(領土考表) 완성본(完成本)을 제시하며 본 연구를 마무리 할 것이다.

第 2 節
한반도 내 고구려(高句麗) 남쪽 국경

한반도 내 고구려(高句麗)의 영토는 한때 충청북도(忠淸北道)에 이르렀으나, 본 연구에서 작성하려는 고구려(高句麗) 영토고표(領土考表)의 시점은 수(隋)와 고구려(高句麗) 간 전쟁이 시작된 AD 598년이다.

나제동맹(羅濟同盟)〈AD 433 ~ 554년〉의 북진으로 고구려(高句麗)는 한강(漢江) 유역을 상실했으며, 이후 현(現) 대동강(大同江) 유역까지 공격을 받았다.

한중일학계(韓中日學界)의 통설(通說)과 다른 내용을 언급하면서도 근거를 생략한 글은 모두 동북아고대사정립(東北亞古代史正立) 1 ~ 3에서 본 연구자가 충분히 논증한 내용임을 미리 밝힌다.

본 연구자의 주장이 한중일학계(韓中日學界)의 통설(通說)과 많이 다르다는 이유로 이미 논증한 내용의 근거를 모두 제시하면서 기술하면 논점이 흐려지기 때문이다.

1. AD 598년, 신라(新羅) 서북쪽 국경

삼국사기(三國史記) 고구려본기(高句麗本紀)에는 'AD 603년, 고구려(高句麗)가 신라(新羅)의 북한산성(北漢山城)을 공격했는데, 신라왕(新羅王)이 한수(漢水)를 건너오니 북한산성(北漢山城) 안에서는 북을 치고 함성을 질러 서로 호응했으며, 고구려(高句麗) 군대는 물러났다'고 기록되어 있다.

여기서의 한수(漢水)는 한강(漢江)이다.

또한 삼국사기(三國史記) 신라본기(新羅本紀)에는 'AD 603년, 고구려(高句麗)가 북한산성(北漢山城)을 공격했으며, 신라(新羅) 진평왕(眞平王)이 친히 병사 1만명을 이끌고 고구려(高句麗) 군대를 물리쳤다'고 기록되어 있다.

AD 554년 이후, 한강(漢江) 북쪽 북한산성(北漢山城) 일대는 신라(新羅)의 영토였으며, AD 603년 고구려(高句麗) 군대가 북한산성(北漢山城)을 공략했으나 점령하지 못했고, 신라(新羅)의 지원군이 도착하자 철군했다.

이는 한반도 대동강 유역의 고구려(高句麗)와 한강 유역의 신라(新羅) 간 충돌로, 당시 양국 간의 국경은 완충지대를 고려할 때 원래 백제(百濟)의 북쪽 국경이었던 패하(浿河) 즉, 현(現) 예성강(禮成江)으로 보는 것이 합리적이다.

삼국사기(三國史記)에는 'AD 661년에도 고구려(高句麗) 보장왕(寶臧王)이 장군 뇌음신(惱音信)과 말갈(靺鞨)의 무리를 보내 신라(新羅)의 북한산성(北漢山城)을 포위했으며, 열흘이 되도록 포위를 풀어주지 않았기에 식량 공급이 끊기자 성(城) 안 사람들이 두려워하였으나, 결국 퇴각했다'고 기록되어 있다.

AD 661년, 신라(新羅)의 서북방 한계는 여전히 패하(浿河)였다.

또한 삼국사기(三國史記) 신라본기(新羅本紀)에는 'AD 668년 6월 22일, 유인원(劉仁願)이 미힐(未肹)을 보내 고구려(高句麗)의 대곡성(大谷城)과 한성(漢城) 등 2군(郡) 12성(城)이 항복해 왔음을 보고했으며, 이에 문무왕(文武王)은 일길찬(一吉湌) 진공(眞功)을 보내 축하했다'고 기록되어 있다.

한반도 대동강(大同江) 유역에 위치한 고구려(高句麗) 3경(三京) 중 하나인 한성(漢城) 또한 AD 668년까지 고구려(高句麗)의 영토로 유지되었음을 알 수 있다.

따라서 AD 598년, 고구려(高句麗)와 접한 신라(新羅)의 서북쪽 국경은 백제(百濟)의 국경에서 신라(新羅)의 국경으로 승계된 패하(浿河), 즉 현(現) 예성강(禮成江)으로 획정(劃定)한다.

> **학설 221)**
> AD 598년, 고구려(高句麗)와 접한 신라(新羅)의 서북쪽 국경은 현(現) 예성강(禮成江)이다.

2. AD 598년, 신라(新羅) 동북쪽 국경

신라(新羅) 진흥왕(眞興王) 재위기간〈AD 540 ~ 576년〉에 고구려(高句麗)의 영토였던 함경남도(咸鏡南道) 일대가 신라(新羅)의 영토로 편입되었다.

AD 568년, 함경남도(咸鏡南道)에 세워진 진흥왕순수비(眞興王巡狩碑)인 황초령비(黃草嶺碑)와 마운령비(摩雲嶺碑)가 그 근거이다.

삼국사기(三國史記) 신라본기(新羅本紀)에 의하면 AD 639년, 신라(新羅)의 선덕여왕(善德女王)은 하슬라주(何瑟羅州), 즉 명주(溟州)를 북소경(北小京)으로 삼았다.

이는 행정적 위계상 명주(溟州)가 북방 영토의 중심지로 격상되었음을 의미한다.

본래 함경남도 일대는 진번조선(眞番朝鮮)·맥국(貊國)·고구려(高句麗)의 영토였으며, 신라(新羅)의 하슬라주(何瑟羅州)는 진한(辰韓)의 영역이었다.

따라서 하슬라주(何瑟羅州)가 북소경(北小京)으로 승격된 것은, 그 영토가 북쪽으로 함경남도 일대까지 확장되었음을 시사한다.

이후 함경남도 일대는 명주(溟州)의 중심지가 되었으며, 당시 명주(溟州)의 치소 또한 함경남도에 위치해 있었다.

근거는 다음과 같다.

1. 명주(溟州)는 삼국사기(三國史記)에 고구려(高句麗)의 영토로 기록되어 있다.

   이는 명주(溟州)의 치소가 함경남도 일대에 위치했음을 시사한다.

2. AD 662년, 신라(新羅) 김유신(金庾信)이 9명의 장군과 함께 명주(溟州)를 출발하여 고구려(高句麗) 장안성(長安城), 즉 현(現) 요양시(遼陽市)에 도착했다.

   이는 출발지인 명주(溟州)가 함경남도 일대에 위치하고 있었음을 전제로 해야 가능한 보급 작전이다.

3. 통일신라(統一新羅) 명주(溟州)의 영토 내에 존재했던 예(濊)라 불리운 정치세력은, 동북아고대사정립 2의 학설 99)에서 언급된 '맥국예(貊國濊)'이며, 삼국사기(三國史記) 잡지(雜志)에 인용된 가탐(賈耽)의 고금군국지(古今郡國志)에 의하면 '맥국예(貊國濊)'의 중심지는 함경남도에 위치했다.

따라서 9개의 군(郡)을 통솔했던 통일신라(統一新羅) 명주(溟州)의 영토는 남쪽으로 강원도(江原道)에 이르렀으나, 치소는 함경남도 내에 비정할 수밖에 없다.

> 학설 222)
> 맥국예(貊國濊)를 승계했으며 9개의 군(郡)을 통솔한 통일신라(統一新羅) 명주(溟州)의 치소는 현(現) 함경남도(咸鏡南道) 내에 위치한다.

가탐(賈耽)의 고금군국지(古今郡國志)에 의하면, 삭주(朔州)는 '옛 맥(貊)의 땅'이며, 그 동쪽에 명주(溟州)의 치소, 즉 맥국예(貊國濊)가 위치했다.

따라서 맥국(貊國)의 도읍은 한반도 대동강 상류 유역에 위치했으며, 이는 한국사 지리 인식의 왜곡을 드러낸다는 점에서 간과할 수 없는 지명 비정이다.

'맥국(貊國)의 도읍은 평양성(平壤城) 동남쪽에 위치한다'는 고금군국지(古今郡國志)의 기록으로 인해, '평양성(平壤城)이 한반도 대동강(大同江) 유역에 위치한다'고 믿었던 조선(朝鮮)의 학자들은, 강원도(江原道) 춘천(春川)을 맥국(貊國)의 도읍으로 여겼다.

그러나 여기서의 평양성(平壤城)은 현(現) 요양시(遼陽市)에 위치했다.

AD 598년, 고구려(高句麗)와 접한 신라(新羅)의 동북쪽 국경은 진흥왕순수비(眞興王巡狩碑)가 세워진 황초령(黃草嶺)과 마운령(摩雲嶺)으로 획정(劃定)한다.

> 학설 223)
> AD 598년, 고구려(高句麗)와 접한 신라(新羅)의 동북쪽 국경은 진흥왕순수비(眞興王巡狩碑)가 세워진 황초령(黃草嶺)과 마운령(摩雲嶺)이다.

第 3 節
고구려(髙句麗) 서쪽 국경

동북아고대사정립 3의 학설 140) 에 의하면

> 고중국(古中國)과 고구려(高句麗) 또는 발해국(渤海國) 간 국경은 현(現) 난하(灤河) 서쪽의 의무려산(醫巫閭山)이다.
> 요(遼)의 중경(中京)과 동경(東京) 간 경계도 의무려산(醫巫閭山)이다.

의무려산(醫巫閭山)은 광개토대왕 치하(治下)에서 고구려(高句麗)가 현(現) 난하(灤河) 유역을 장악하면서 고구려(高句麗)의 서쪽 국경이 되었다.

본 연구의 목적은 AD 598년에도 고구려(高句麗) 서쪽 국경이 여전히 의무려산(醫巫閭山)인지 확인하는 데 있으며, 더불어 만리장성동단(萬里長城東端) 일대가 여전히 고구려(高句麗)의 영토인지도 규명하고자 한다.

1. 당(唐) 영주(營州)로 승계되는 수(隋) 요서군(遼西郡)

동북아고대사정립 3의 학설 160) 에 의하면

> 수(隋)는 수장성(隋長城)을 기준으로 서남쪽에는 북평군(北平郡)을 설치했으며, 동북쪽에는 요서군(遼西郡)을 설치했다.

수(隋)는 요서군(遼西郡)을 영주(營州)라 칭하기도 했다.

한(漢)과 고조선(古朝鮮) 간 국경인 패수(浿水)는 수장성(隋長城) 동쪽 관문에 인접한 곳에서 북쪽에서 남쪽으로 흘렀다.

당(唐) 영주(營州)로 승계되는 수(隋) 요서군(遼西郡)은 패수(浿水)와 의무려산(醫巫閭山) 사이에 위치해 있었다.

동북아고대사정립 2의 학설 78) 에 의하면

> 고조선(古朝鮮) 멸망 후, 새로운 요서(遼西)와 요동(遼東)이 탄생했으며,
> 현(現) 난하(灤河) 서쪽에 위치한 의무려산(醫巫閭山)은
> 새로운 요서(遼西)와 새로운 요동(遼東) 간 경계였다.

수(隋) 요서군(遼西郡) 동쪽 국경은 의무려산(醫巫閭山)이며, 고조선(古朝鮮) 멸망 후 의무려산(醫巫閭山) 서쪽은 고중국(古中國)의 새로운 요서(遼西) 땅이 되었기 때문에, 수(隋) 또한 그곳의 행정명을 요서군(遼西郡)이라 칭했다.

수서(隋書) 동이열전(東夷列傳)에 의하면 AD 612년, 수양제(隋煬帝)는 친히 고구려(高句麗)를 침략했으며, 그 결과 의무려산(醫巫閭山)과 현(現) 난하(灤河) 사이의 고구려(高句麗) 영토를 빼앗아 그곳에 요동군(遼東郡)과 통정진(通定鎭)을 설치했다.

> 학설 224)
> 당(唐) 영주(營州)로 승계된 수(隋) 요서군(遼西郡)의 동쪽 국경은 고조선(古朝鮮) 멸망 후 새롭게 설정된 요서(遼西)와 요동(遼東) 간 경계인 의무려산(醫巫閭山)이었다.
> AD 612년, 수양제(隋煬帝)는 의무려산(醫巫閭山)과 현(現) 난하(灤河) 간 고구려(高句麗)의 영토를 빼앗아 그곳에 수(隋) 요동군(遼東郡)과 통정진(通定鎭)을 설치했다.

수양제(隋煬帝)가 요동군(遼東郡)과 통정진(通定鎭)을 설치한 의무려산(醫巫閭山)과 현(現) 난하(灤河) 사이의 땅은, 한(漢) 요서군(遼西郡)의 영토가 아니라 한(漢) 요동군(遼東郡)의 영토에 속했다.

그 지역은 동서 190리(里) 전후의 좁은 땅이었다.

하지만 한(漢) 요동군(遼東郡)의 영토였다는 상징성 때문에 수(隋) 또한 고구려(高句麗) 무려라(武厲邏)에 통정진(通定鎭)을 설치하고 그곳을 요동군(遼東郡)이라 칭했다.

광개토대왕의 치세부터 AD 612년까지, 고구려(高句麗)의 서쪽 국경은 현(現) 난하(灤河) 서쪽 의무려산(醫巫閭山)이었으며, 이는 고구려(高句麗)가 당시 현(現) 난하(灤河) 유역을 지배하고 있었음을 보여준다.

> **학설 225)**
> 광개토대왕의 치세부터 AD 612년까지, 고구려(高句麗)의 서쪽 국경은 현(現) 난하(灤河) 서쪽 의무려산(醫巫閭山)이었으며, 고구려(高句麗)가 현(現) 난하(灤河) 유역을 지배했다.

2. 고구려(高句麗) 영토 내에 위치한 첫 번째 임유현(臨渝縣)과 좌갈석(左碣石)

통전(通典) 권186, 변방(邊防) 2, 동이(東夷) 고구려(高句麗) 편에 의하면

> 長城東截遼水而入高麗 遺址猶存 按尚書云 夾右碣石入於河
> 右碣石即河赴海處 在今北平郡南二十餘里 則高麗中為左碣石
> 장성이 동쪽으로 요수(遼水)를 끊고 고구려(高句麗)로 들어간 흔적이 아직도 남아 있다. 상서(尚書)에 '갈석(碣石)을 우(石)로 끼고 하(河)에 들어간다'고 기록되어 있다. 우갈석(右碣石)은 하(河)가 해(海)에 다다르는 곳 근처에 있는데, 지금의 북평군(北平郡) 남쪽 20여 리(里)이다.
> 그러므로 고구려(高句麗)에 있는 것은 좌갈석(左碣石)이다.

통전(通典)의 저자 두우(杜佑)는 고구려(高句麗) 좌갈석(左碣石)을 언급하며 '장성이 동쪽으로 요수(遼水)를 끊고 고구려(高句麗)로 들어간 흔적이 아직도 남아 있다'고 기록했는데, 여기서 요수(遼水)는 당연히 대요수(大遼水)가 아니라 고죽국요수(孤竹國遼水)이며, 그 흔적은 만리장성의 흔적이다.

진개(秦開)의 동정(東征) 이후 연(燕)은 연장성(燕長城)을 축성하며 동쪽으로 패수(浿水)까지 영토를 확장하였고, 패수(浿水)와 대요수(大遼水) 사이는 연(燕)과 고조선(古朝鮮) 간 완충지대(緩衝地帶)였다.

그러나 BC 222년, 진(秦)이 패수(浿水)와 대요수(大遼水) 사이의 진요동(秦遼東)을 장악했다.

그리고 진(秦)은 한(漢)과 고조선(古朝鮮) 간의 국경인 패수(浿水)를 넘어, 대요수(大遼水), 즉 현(現) 난하(灤河)에 인접한 곳까지 만리장성을 축성했다.

이로 인해 진요동(秦遼東)에도 고중국(古中國)의 동북방 한계를 상징하는 갈석(碣石)이라 불리는 곳이 생겼는데, 이는 임유현(臨渝縣) 갈석산(碣石山)으로, 후에 고구려(高句麗) 영토가 된 좌갈석(左碣石)을 가리킨다.

이후 임유현(臨渝縣)이라는 행정명은 패수(浿水) 서쪽으로 옮겨졌으며, 고죽국요수(孤竹國遼水), 즉 유수(渝水) 일대에 두 번째 임유현(臨渝縣)이 설치되었다.

신당서지리지(新唐書地理志) 평주(平州) 북평군(北平郡) 편에 의하면

> 平州北平郡 初治臨渝 武德元年徙治盧龍
> [盧龍]本肥如 武德二年更名
> [石城]本臨渝 萬歲通天二年更名 有臨渝關 一名臨閭關 有大海關 有碣石山
> 평주(平州) 북평군(北平郡), 처음에는 임유현(臨渝縣)에서 다스렸으며, 무덕(武德) 원년<AD 618년>, 노룡현(盧龍縣)으로 치소를 옮겼다.
> [노룡현(盧龍縣)] 본래 비여현(肥如縣)인데 무덕(武德) 2년, 이름을 바꿨다.
> [석성현(石城縣)] 본래 임유현(臨渝縣)인데 만세통천(萬歲通天) 2년<AD 697년>, 이름을 바꿨으며, 임유관(臨渝關)이 있는데 임려관(臨閭關)이라고도 한다. 대해관(大海關)과 갈석산(碣石山)이 있다.

AD 697년, 두 번째 임유현(臨渝縣)은 석성현(石城縣)으로 개칭되었다.

이 시점에서 고구려(高句麗)는 이미 멸망했고, 당(唐)은 동쪽으로 현(現) 요하(遼河)까지 고구려(高句麗)의 영토를 통치하고 있었기 때문에, 임유현(臨渝縣)이라는 행정명을 본래 위치인 만리장성동단(萬里長城東端) 일대에서 다시 사용할 수 있었으나, 그 지역을 끝내 내지로 만들지는 못했다.

이제 당(唐) 내지의 동북방 한계였던 평주(平州)의 석성현(石城縣)이 두 번째 임유현(臨渝縣)과 동일한 위치에 있었는지를 살펴보자.

요사지리지(遼史地理志) 남경석진부(南京析津府) 편에는 당(唐) 평즈(平州) 석성현(石城縣)이 요(遼) 난주(灤州)의 속현으로 승계되었고, 그 위치는 난주(灤州) 치소 남쪽 30리(里) 지점으로 기록되어 있다.

또한 요(遼) 난주(灤州)의 치소는 옛 황락성(黃洛城)으로, 난하(灤河)가 고리처럼 둘러싼 곳으로 기록되어 있다.

동북아고대사정립 3의 학설 197) 에 의하면

> 난주(灤州)는 요(遼) 남경석진부(南京析津府) 속주(屬州)이기 때문에 난주(灤州) 난하(灤河)는 당장성(唐長城) 내에서 흐른다.
> 요(遼) 남경석진부(南京析津府)에서 흐르는 난하(灤河)와
> 요(遼) 동경요양부(東京遼陽府)에서 흐르는 현(現) 난하(灤河)는 동일한 하천이 될 수 없다.

요(遼) 난주(灤州) 치소로부터 30리(里) 지점에 위치한 석성현(石城縣)은, 현(現) 난하(灤河) 서쪽에 인접해 있던 첫 번째 임유현(臨渝縣)이 아니라, 현(現) 조백하(潮白河) 동쪽에 인접해 있던 두 번째 임유현(臨渝縣)이다.

> 학설 226)
> 요(遼) 난주(灤州) 석성현(石城縣)으로 승계된 당(唐) 평주(平州) 임유현(臨渝縣)은,
> 현(現) 난하(灤河) 서쪽에 인접해 있던 첫 번째 임유현(臨渝縣)이 아니라, 현(現)
> 조백하(潮白河) 동쪽에 인접해 있던 두 번째 임유현(臨渝縣)이다.

AD 598년, 고구려(高句麗)는 만리장성동단(萬里長城東端) 일대를 여전히 영토로 유지하고 있었음이 확인된다.

第 4 節
고구려(髙句麗)의 영토

　고조선(古朝鮮) 영토고표(領土考表) 완성본(完成本)에 의하면 고조선(古朝鮮)은 북쪽으로 선비(鮮卑), 부여국(夫餘國), 읍루(挹婁)와 접해 있으며, 동쪽으로는 한반도 북부 지역의 동해 바다에 이르렀다.

1. 가탐도리기(賈耽道里記) 연구

　고구려(髙句麗)의 마지막 수도인 장안성(長安城), 즉 보장왕평양성(寶臧王平壤城)은 가탐도리기(賈耽道里記)에도 평양성(平壤城)으로 기록되었다.

신당서(新唐書) 지리지(地理志)에 수록된 가탐도리기(賈耽道里記)에 의하면

> 營州東百八十里至燕郡城 又經汝羅守捉 渡遼水至安東都護府五百里
> 府故漢襄平城也 東南至平壤城八百里 自都護府東北經古蓋牟新城
> 又經渤海長嶺府 千五百里至渤海王城
> 영주(營州)에서 동쪽으로 180리(里)를 가면 연군성(燕郡城)에 도달한다.
> 다시 여라수착(汝羅守捉)을 지나 요수(遼水)를 건너면 안동도호부(安東都護府)에
> 도달하며, 그 거리는 500리(里)이다.
> 도호부(都護府)는 옛 한(漢)의 양평성(襄平城)이며, 동남쪽으로 평양성(平壤城)에
> 도달하기까지 800리(里)이다. 도호부(都護府)에서 동북쪽으로 옛 개모성(蓋牟城)과
> 신성(新城)을 지나고 다시 발해국(渤海國) 장령부(長嶺府)를 거쳐 1,500리(里)를 가면
> 발해국(渤海國) 왕성(王城)에 도달한다.

　'도호부(都護府)는 옛 한(漢) 양평성(襄平城)'이라는 기록은 역사적 사실이 아니다.
　가탐(賈耽) 또한, 본의 아니게 장수왕평양성(長壽王平壤城)을 요동군고성(遼東郡故城)으로 개칭한 당(唐)의 역사 왜곡에 도구로 활용되었다.

학설 217) 에 의하면

> 가탐도리기(賈耽道里記)에 기록된 안동도호부(安東都護府)는 대요수(大遼水) 동쪽 360리(里) 지점의 요양성(遼陽城)과 동일한 위치이다.
> 요양성(遼陽城) 서북쪽 680리(里) 지점에 당(唐) 영주(營州)가 위치하며,
> 당(唐) 영주(營州)와 대요수(大遼水) 간 거리는 280리(里) 전후이다.

구당서지리지(舊唐書地理志) 영주(營州) 편에 의하면 영주(營州)는 경사(京師) 동북 3,589리(里) 지점에 위치한다.

가탐도리기(賈耽道里記)에 의하면 영주(營州)에서 동쪽으로 680리(里)〈180리 + 500리〉지점에 안동도호부(安東都護府)가 위치한다.

즉, 당(唐) 경사(京師)에서 4,269리(里)〈3,589리 + 680리〉지점에 안동도호부(安東都護府), 즉 장수왕평양성(長壽王平壤城)이 위치하고 있는 것이다.

또한, 안동도호부(安東都護府)에서 동남쪽으로 보장왕평양성(寶臧王平壤城)에 도달하기까지 800리(里)라고 기록되어 있다.

즉, 당(唐) 경사(京師)에서 5,069리(里)〈3,589리 + 680리 + 800리〉지점에 보장왕평양성(寶臧王平壤城)이 위치하고 있는 것이다.

구당서(舊唐書) 동이열전(東夷列傳) 고려조(高麗條)에 의하면 경사(京師)에서 보장왕평양성(寶臧王平壤城)까지 거리는 5,100리(里)이다.

구당서(舊唐書)의 5,100리(里)가 정확하지 않다고 생각한 신당서(新唐書) 편찬자들은, 신당서(新唐書) 동이열전(東夷列傳) 고려조(高麗條)에 경사(京師)에서 보장왕평양성(寶臧王平壤城)까지 거리를 5,000리(里)라고 기록했다.

가탐(賈耽)의 생애는 AD 730 ~ 805년이며, 구당서(舊唐書)는 AD 940년에 편찬이 시작되어 945년에 완성되었다.

구당서(舊唐書)는 5년에 불과한 짧은 편찬 기간으로 인해, 확보한 사료를 가공하거나 편집할 여유가 없어서, 사료의 기록을 그대로 수록한 경우가 많았다.

예컨대, 구당서(舊唐書) 편찬자들이 확보한 고구려(高句麗) 멸망〈AD 668년〉 전후의 사료에는 당(唐) 경사(京師)와 보장왕평양성(寶臧王平壤城) 간의 거리가 5,100리(里)로 기록되어 있었다.

한편, 가탐(賈耽)의 저술 시기는 고구려(高句麗) 멸망으로부터 100여 년이 지난 시점으로, 고대도로가 정비되면서 가탐도리기(賈耽道里記)에는 당(唐) 경사(京師)와 보장왕평양성(寶臧王平壤城) 간의 거리가 31리(里) 줄어든 5,069리(里)로 기록되었다고 해석할 수 있다.

이러한 배경에서, 신당서(新唐書)의 편찬 기간은 16년〈AD 1044 ~ 1060년〉이다.

시간이 충분했기 때문에, 신당서(新唐書)의 편찬자들은 가탐(賈耽)의 5,069리(里)와 구당서(舊唐書)의 5,100리(里)를 검증할 수 있었다.

신당서(新唐書)의 편찬 시기는 고구려(高句麗) 멸망 시점에서 370여 년이 지난 뒤이기 때문에, 신당서(新唐書)에서 당(唐) 경사(京師)와 보장왕평양성(寶臧王平壤城) 간 거리는 고대도로의 길이가 100리(里) 줄어든 5,000리(里)이다.

정사서(正史書)에 기록된 거리 기록은 도리(道里), 즉 도로의 길이로, 도로가 개선되면 거리는 줄어들기 때문에 신당서(新唐書) 편찬자들이 구당서(舊唐書)의 5,100리(里)를 5,000리(里)로 수정한 것은 충분히 납득이 가는 일이다.

따라서 구당서(舊唐書)·가탐도리기(賈耽道里記)·신당서(新唐書)의 거리 기록은 모두 당시 주어진 여건에서 최선을 다한 정확한 기록임을 알 수 있다.

> **학설 227)**
> 당(唐) 경사(京師)에서 4,269리(里) 지점에 장수왕평양성(長壽王平壤城)이 위치하며, 보장왕평양성(寶臧王平壤城)은 5,069리(里) 지점에 위치한다.

'안동도호부(安東都護府), 즉 요양성(遼陽城)에서 동북으로 1,500리(里)를 가면 발해국(渤海國) 왕성(王城)에 도달한다'고 기록되어 있다.

당(唐) 영주(營州)와 발해국(渤海國) 왕성(王城) 간 거리는 2,180리(里)〈680리 + 1,500리〉인 것이다.

구당서(舊唐書) 북적열전(北狄列傳) 발해조(渤海條)에 의하면 발해국(渤海國) 왕성(王城)은 영주(營州)에서 동쪽으로 2,000리(里) 밖에 위치하며, 발해국(渤海國) 왕성(王城) 남쪽에는 신라(新羅)가 위치하고 동북쪽에는 흑수말갈(黑水靺鞨)이 위치한다.

'2,000리(里) 밖'이라는 기록은 2,000리(里)를 어느 정도 초과함을 의미하므로, 가탐도리기(賈耽道里記)의 2,180리(里)는 정확한 거리 기록임을 알 수 있다.

학설 220) 에 의하면

> 당(唐) 영주(營州)는 현(現) 난하(灤河) 서쪽 280리(里) 전후 지점에 위치한다.
> 당(唐) 영주(營州) 동남쪽 1,480리(里) 지점에 위치한 보장왕평양성(寶臧王平壤城)은 현(現) 요양시(遼陽市) 내에 위치한다.

당(唐) 영주(營州)에서 1,480리(里) 지점이 현(現) 요양시(遼陽市)라면, 당(唐) 영주(營州)에서 2,180리(里) 지점에 위치한 발해국(渤海國) 왕성(王城)은 어디쯤일까?

당(唐) 영주(營州)에서 동남쪽 680리(里) 지점의 요양성(遼陽城)을 기준으로, 동남쪽 800리(里)는 현(現) 요양시(遼陽市)이며, 동북쪽 1,500리(里)는 발해국(渤海國) 왕성(王城)이다.

가탐도리기(賈耽道里記)의 거리 기록을 수학적으로만 판단한다면, '발해국(渤海國) 왕성(王城)은 흑룡강성(黑龍江省) 하얼빈시(哈爾濱市)에 위치한다'는 추론이 합리적이다.

또한, '발해국(渤海國) 동북쪽에 흑수말갈(黑水靺鞨)이 위치한다'는 구당서(舊唐書) 북적열전(北狄列傳) 발해조(渤海條)의 기록을 고려하더라도 발해국(渤海國) 왕성(王城)은 하얼빈시(哈爾濱市) 일대에 위치한다.

이는 발해국(渤海國) 왕성(王城) 동북쪽에 위치한 흑수말갈(黑水靺鞨)의 치소가 흑룡강성(黑龍江省) 동북부 지역에 비정되기 때문이다.

'발해국(渤海國) 왕성(王城)이 하얼빈시(哈爾濱市)에 위치한다'는 가설(假說)은 한중일학계(韓中日學界)의 통설(通說)과 거리가 있으나, 숫자는 거짓말을 하지 않는다.

앞으로 한중일학계(韓中日學界)의 통설(通說)을 뒤집는 고고학(考古學)의 활약을 기대해 본다.

> 학설 228)
> 당(唐) 영주(營州) 동남쪽 680리(里) 지점의 요양성(遼陽城)을 기준으로, 동남쪽 800리(里)는 현(現) 요양시(遼陽市)이며, 동북쪽 1,500리(里)는 발해국(渤海國) 왕성(王城)이다.
> 가탐도리기(賈耽道里記)의 거리 기록을 수학적으로만 판단한다면 '발해국(渤海國) 왕성(王城)은 흑룡강성(黑龍江省) 하얼빈시(哈爾濱市)에 위치한다'는 추론이 합리적이다.

당(唐) 영주(營州)와 발해국(渤海國) 왕성(王城) 간 거리는 2,180리(里)이며, 당(唐) 영주(營州)와 현(現) 요양시(遼陽市) 간 거리는 1,480리(里)이다.

학설 235)에 의하면 현(現) 난하(灤河)와 요하(遼河) 간 거리는 당(唐) 기준척(基準尺)으로 1,020리(里) 전후이므로, 당(唐) 영주(營州)는 현(現) 난하(灤河) 서쪽에 위치한다.

이러한 배경에서, 현(現) 난하(灤河) 서쪽 당(唐) 영주(營州)와 현재의 평양 간 거리는 당(唐) 기준척(基準尺)으로 2,480여 리(里)였다.

> 학설 229)
> 현(現) 난하(灤河) 서쪽 당(唐) 영주(營州)와 현재의 평양 간 거리는 당(唐) 기준척(基準尺)으로 2,480여 리(里)였다.

가탐도리기(賈耽道里記)에 의하면 안동도호부(安東都護府), 즉 장수왕평양성(長壽王平壤城)에서 동북으로 1,500리(里)를 가면 발해국(渤海國) 왕성(王城)에 도달하는데, 그 중간 여정에 신성(新城)이 위치한다.

이를 통해 고구려(高句麗) 신성(新城)은 장수왕평양성(長壽王平壤城) 동북쪽에 위치하고 있었음을 알 수 있다.

AD 677년, 당(唐)은 안동도호부(安東都護府)를 장수왕평양성(長壽王平壤城)에서 고구려(高句麗) 신성(新城)으로 옮겼으며, 그곳에서 AD 699년까지 머물렀다.

장수왕평양성(長壽王平壤城)은 전한낙랑군패수(前漢樂浪郡浿水)의 발원지에 해당하는, 한(漢) 낙랑군(樂浪郡) 동북부 지역에 위치해 있었다.

반면, 신성(新城)은 고구려(高句麗) 건국지인 예맥(濊貊) 땅 중부 지역에 위치하였으며, 고구려(高句麗) 3경(三京) 중 하나인 국내성(國內城)에 인접해 있었다.

> **학설 230)**
> 당(唐)의 세 번째 안동도호부(安東都護府)인 고구려(高句麗) 신성(新城)은
> 고구려(高句麗) 건국지인 예맥(濊貊) 땅 중부 지역에 위치하였으며, 고구려(高句麗)
> 3경(三京) 중 하나인 국내성(國內城)에 인접해 있었다.

신라(新羅)와의 전쟁에서 패한 당(唐)은 안동도호부(安東都護府)를 보장왕평양성(寶臧王平壤城)에서 장수왕평양성(長壽王平壤城)으로 옮겼으나, 신라(新羅)가 더 이상의 확전을 원하지 않았다.

그 결과 당(唐)은 현(現) 요하(遼河) 서쪽의 고구려(高句麗) 영토를 AD 699년까지 총 31년 동안 통치할 수 있었다.

당(唐)은 장수왕평양성(長壽王平壤城)으로 물러난지 1년 만에, 안동도호부(安東都護府)를 장수왕평양성(長壽王平壤城)에서 동북쪽에 위치한 신성(新城)으로 옮겼다.

이는 낙랑(樂浪) 땅에 위치한 장수왕평양성(長壽王平壤城)에서는 고구려(高句麗)의 건국지인 예맥(濊貊) 땅 중부 지역과 몽골 고원과 연결되는 예맥(濊貊) 땅 서부 지역을 통치하기에 어려움이 있었기 때문이다.

반면, 예맥(濊貊) 땅 중부 지역에 위치한 신성(新城)에서는 국내성(國內城) 일대는 물론, 예맥(濊貊) 땅 서부 지역까지 통치하기가 용이했다.

AD 551년, 몽골 고원의 선비족(鮮卑族) 국가인 유연(柔然)을 멸망시키고 건국된 돌궐(突厥)은 같은 해 고구려(高句麗)를 침략했는데, 그들이 예맥(濊貊) 땅 서부 지역을 지나 처음 도달한 곳이 바로 신성(新城)이었다.

> **학설 231)**
>
> 당(唐)이 장수왕평양성(長壽王平壤城)에서 신성(新城)으로 안동도호부(安東都護府)를 옮긴 이유는, 낙랑(樂浪) 땅에 위치한 장수왕평양성(長壽王平壤城)에서는 예맥(濊貊) 땅 서부 지역과 중부 지역을 통치하기 어려웠기 때문이다.

2. 고구려(高句麗) 북쪽에 위치한 말갈(靺鞨)

구당서(舊唐書) 동이열전(東夷列傳) 고려전(高麗傳)에 의하면

> 高麗 其國都於平壤城 在京師東五千一百里 東渡海至於新羅
> 西北渡遼水至于營州 南渡海至于百濟 北至靺鞨 東西三千一百里 南北二千里
>
> 고구려(高句麗)는 평양성(平壤城)이 도읍이며, 경사(京師) 동쪽 5,100 리(里)이다. 동쪽으로 해(海)를 건너 신라(新羅)에 이르며, 서북쪽으로 요수(遼水)를 건너 영주(營州)에 이르고, 남쪽으로 해(海)를 건너 백제(百濟)에 이르며, 북쪽으로 말갈(靺鞨)에 이른다. 동서로는 3,100리(里)이고 남북으로는 2,000리(里)이다.

평양성(平壤城)은 고구려(高句麗)의 마지막 수도인 장안성(長安城), 즉 보장왕평양성(寶臧王平壤城)을 지칭하며, 현(現) 요양시(遼陽市)에 위치한다.

신라(新羅)·백제(百濟)·말갈(靺鞨)은 각각 그 나라의 수도를 지칭하고 있다.

'동쪽으로 해(海)를 건너 신라(新羅)에 이른다'고 기록되어 있는데, 이는 현(現) 요양시(遼陽市)에서 동쪽으로 자국 영토를 지나 한반도의 동해 바다를 건너면 신라(新羅)의 수도에 쉽게 도달할 수 있음을 의미한다.

'서북쪽으로 요수(遼水)를 건너 영주(營州)에 이른다'고 기록되어 있는데, 구당서(舊唐書)의 기록이므로, 여기서 요수(遼水)는 대요수(大遼水), 즉 현(現) 난하(灤河)이다.

현(現) 요양시(遼陽市)에서 서북쪽으로 현(現) 난하(灤河)를 건너고 의무려산(醫巫閭山)을 넘으면 당(唐) 영주(營州)에 도달할 수 있음을 의미한다.

'남쪽으로 해(海)를 건너 백제(百濟)에 이른다'고 기록되어 있는데, 현(現) 요양시(遼陽市)의 요하(遼河)에서 선박을 출발시켜 남쪽으로 한반도의 서해 바다를 건너면 백제(百濟)의 수도에 쉽게 도달할 수 있음을 의미한다.

구당서(舊唐書) 북적열전(北狄列傳) 말갈전(靺鞨傳)에 의하면

> 靺鞨 在京師東北六千餘里 東至於海 西接突厥 南界高麗 北鄰室韋
> 말갈(靺鞨), 경사(京師) 동북 6천여리(六千餘里) 지점에 있다.
> 동쪽으로 해(海)에 이르며, 서쪽으로 돌궐(突厥)과 접하고,
> 남쪽으로 고구려(高句麗)가 있으며, 북쪽으로 실위(室韋)가 있다.

'고구려(高句麗)는 북쪽으로 말갈(靺鞨)에 이른다'고 기록되어 있는데, 달갈(靺鞨)은 예맥(濊貊) 땅 북쪽에 접해 있던 부여국(夫餘國)과 읍루(挹婁)의 영토에 거주했으며, 서쪽으로 몽골 고원을 장악한 돌궐(突厥)과 접해 있었다.

> **학설 232)**
> 말갈(靺鞨)은 예맥(濊貊) 땅 북쪽에 접해 있던 부여국(夫餘國)과 읍루(挹婁)의 영토에 거주했으며, 서쪽으로 몽골 고원을 장악한 돌궐(突厥)과 접해 있었다.

3. 고구려(高句麗) 영토의 크기

구당서(舊唐書) 동이열전(東夷列傳) 고려전(高麗傳)에 의하면 고구려(高句麗) 영토는 동서 3,100리(里)·남북 2,000리(里)이다.

한편, 요사지리지(遼史地理志)의 서문(序文)에는 '요(遼)의 영토는 폭원(幅員)이 만리(萬里)'라고 기록되어 있는데, 이는 동서 3,000리(里)·남북 2,000리(里)이기 때문에 폭원(幅員)이 만리(萬里)에 이른다는 것이다.

따라서 고구려(高句麗)의 영토는 폭원(幅員)이 10,200리(里)로, 요(遼)보다 더 넓었음을 알 수 있다.

> **학설 233)**
> 정사서(正史書)에 기록된 고구려(高句麗)와 요(遼)의 영토를 비교해 보면 남북으로는 2,000리(里)로 같았으며, 동서로는 3,100리(里)인 고구려(高句麗)가 3,000리(里)인 요(遼)보다 조금 더 길었기 때문에 고구려(高句麗)의 영토는 요(遼)보다 더 넓었다.

4. 수학으로 검증하는 고구려(高句麗) 영토

[표 1] 구당서지리지(舊唐書地理志)와 가탐도리기(賈耽道里記)에 의하면

경사(京師)	영주(營州)	연군성(燕郡城)	대요수(大遼水)	안동도호부(安東都護府)	보장왕평양성(寶臧王平壤城)
➡	3,589리(里)	3,769리(里)	➡	4,269리(里)	5,069리(里)

AD 598년, 대요수(大遼水) 서쪽에 위치한 연군성(燕郡城) 일대는 고구려(高句麗)의 영토였으나, 이후 수(隋)가 고구려(高句麗)와의 전쟁 중 이를 편입하였고, 당(唐)으로 승계되었다.

구당서(舊唐書) 동이열전(東夷列傳) 고려조(高麗條)에 의하면 고구려(高句麗) 영토는 동서로 3,100리(里), 남북으로 2,000리(里)이다.

연군성(燕郡城) 일대가 당(唐)의 영토가 되었기 때문에, 구당서(舊唐書)에 기록된 동서 3,100리(里)의 서쪽 기점은 의무려산(醫巫閭山)이 아니라 대요수(大遼水), 즉 현(現) 난하(灤河)이다.

현(現) 난하(灤河)에서 연해주(沿海州) 동해 바다까지의 거리가 당(唐) 기준척(基準尺)으로 3,100리(里)인 것이다.

따라서 AD 598년 당시 고구려(高句麗) 영토의 동서 길이는 이 3,100리(里)에 의무려산(醫巫閭山)과 현(現) 난하(灤河) 간 거리가 더해져야 한다.

신당서지리지(新唐書地理志)에 수록된 가탐도리기(賈耽道里記)에 의하면 영주(營州)에서 동쪽으로 180리(里)를 가면 연군성(燕郡城)에 도달하는데, 이 둘 사이에는 AD 598년 기준으로 고구려(高句麗) 서쪽 국경이었던 의무려산(醫巫閭山)이 위치한다.

따라서 산이 두 지점 사이에서 국경 역할을 한다는 점을 고려할 때, 영주(營州)와 의무려산(醫巫閭山) 간 거리는 약 90리(里)로 추정할 수 있다.

> **학설 217)** 에 의하면
>
> 가탐도리기(賈耽道里記)에 기록된 안동도호부(安東都護府)는 대요수(大遼水) 동쪽 360리(里) 지점의 요양성(遼陽城)과 동일한 위치이다.
> 요양성(遼陽城) 서북쪽 680리(里) 지점에 당(唐) 영주(營州)가 위치하며,
> 당(唐) 영주(營州)와 대요수(大遼水) 간 거리는 280리(里) 전후이다.

동북아고대사정립 3의 **학설 131)** 에 의하면

> 요사지리지(遼史地理志)에 의하면 요(遼)의 영토는 동서로 3,000리(里)이다.
> 당(唐) 영주(營州)를 기준으로 서쪽 한계는 1,700리(里) 전후 지점에 위치한 서하(西夏)와의 국경이며, 동쪽 한계는 1,300리(里) 전후 지점에 위치한 현(現) 요하(遼河)이다.

영주(營州)에서 대요수(大遼水), 즉 현(現) 난하(灤河)까지의 거리 280리(里) 전후에서, 영주(營州)와 의무려산(醫巫閭山) 간 거리 90리(里) 전후를 빼면, 의무려산(醫巫閭山)과 현(現) 난하(灤河) 간 거리는 190리(里) 전후이다.

따라서 AD 598년 당시 고구려(高句麗) 영토의 동서 길이는 당(唐) 기준척(基準尺)으로 3,290리(里) 전후이다.

또한, 당(唐) 영주(營州)와 현(現) 요하(遼河) 간 거리 1,300리(里) 전후에서 영주(營州)와 의무려산(醫巫閭山) 간 거리 90리(里) 전후를 빼면, 의무려산(醫巫閭山)과 현(現) 요하(遼河) 간 거리는 1,210리(里) 전후이다.

> **학설 234)**
> AD 598년, 의무려산(醫巫閭山)과 현(現) 난하(灤河) 간 거리는 190리(里) 전후이며, 당시 고구려(高句麗) 영토의 동서 길이는 당(唐) 기준척(基準尺)으로 3,290리(里) 전후이다.
> 의무려산(醫巫閭山)과 현(現) 요하(遼河) 간 거리는 1,210리(里) 전후이다.

의무려산(醫巫閭山)에서 연해주 동해 바다까지의 거리는 당(唐) 기준척(基準尺)으로 3,290리(里) 전후이며, 의무려산(醫巫閭山)과 현(現) 요하(遼河) 간 거리가 1,210리(里) 전후이므로, 현(現) 요하(遼河)에서 연해주 동해 바다까지의 거리는 당(唐) 기준척(基準尺)으로 2,080리(里) 전후이다.

또한, 구당서(舊唐書) 동이열전(東夷列傳) 고려조(高麗條)에 의하면 고구려(高句麗) 영토는 동서로 3,100리(里)이며, 서쪽 기점(起點)은 대요수(大遼水), 즉 현(現) 난하(灤河)이다.

따라서 3,100리(里) 가운데, 현(現) 요하(遼河)에서 연해주 동해 바다까지의 거리인 2,080리(里) 전후를 제외하면, 현(現) 난하(灤河)와 요하(遼河) 간 거리는 1,020리(里) 전후이다.

> **학설 235)**
>
> 현(現) 난하(灤河)와 요하(遼河) 간 거리는 당(唐) 기준척(基準尺)으로 1,020리(里) 전후이며, 요하(遼河)에서 연해주(沿海州) 동해 바다까지 거리는 2,080리(里) 전후이다.

현(現) 난하(灤河)와 요하(遼河) 간 거리, 즉 대요수(大遼水)와 압록수(鴨淥水) 간 거리는 당(唐) 기준척(基準尺)으로 1,020리(里) 전후이다.

그러나 대요수(大遼水)를 현(現) 요하(遼河)로 잘못 비정하면, 고구려(高句麗) 영토의 동서 길이는 3,100리(里)에서 약 1,020리(里)를 뺀 2,080리(里) 전후로 축소될 수밖에 없다.

이는 고구려의 동쪽이 바다로 막혀 있다는 지리적 특성을 고려할 때, 정사서(正史書)의 거리 기록을 무시한 명백한 왜곡이다.

당(唐)은 고구려(高句麗)의 수도에 군정 기관인 안동도호부(安東都護府)를 설치하고, 9도독부(都督部) 42주(州) 100현(縣)으로 행정구역을 개편함으로써 고구려(高句麗) 영토에 대해 상세한 정보를 확보하였다.

이러한 당(唐)의 첫 번째 정사서(正史書)인 구당서(舊唐書)에 기록된 '고구려(高句麗) 영토의 동서 길이는 3,100리(里)'라는 거리 기록조차 신뢰할 수 없다면, 구당서(舊唐書)의 다른 기록들은 과연 어떻게 신뢰할 수 있겠는가?

더욱이 구당서(舊唐書)의 미흡함을 보완하고자 편찬된 신당서(新唐書)에도 이 기록에 대한 수정이나 부정이 없다는 점에서, 후대가 임의로 부정할 수 있는 기록이 아니다.

따라서 '고구려(高句麗) 영토의 동서 길이는 3,100리(里)'라는 구당서(舊唐書)의 기록을 부정하는 학자는, 스스로 역사 왜곡의 도구가 되려는 어용학자(御用學者)에 지나지 않는다.

구당서지리지(舊唐書地理志)와 가탐도리기(賈耽道里記)의 기록을 수학적으로 접근하여, 대요수(大遼水)가 현(現) 난하(灤河)인지 현(現) 요하(遼河)인지 판가름해 보자.

[표 2]와 [표 3]은 비교연구(比較研究)를 위해 [표 1]의 대요수(大遼水)를 각각 현(現) 난하(灤河)와 요하(遼河)로 명칭만 바꾼 것이다.

[표 2] 구당서지리지(舊唐書地理志)와 가탐도리기(賈耽道里記)에 의하면

경사 (京師)	영주 (營州)	연군성 (燕郡城)	난하 (灤河)	안동도호부 (安東都護府)	보장왕평양성 (寶臧王平壤城)
➡	3,589리(里)	3,769리(里)	➡	4,269리(里)	5,069리(里)

[표 3] 구당서지리지(舊唐書地理志)와 가탐도리기(賈耽道里記)에 의하면

경사 (京師)	영주 (營州)	연군성 (燕郡城)	요하 (遼河)	안동도호부 (安東都護府)	보장왕평양성 (寶臧王平壤城)
➡	3,589리(里)	3,769리(里)		4,269리(里)	5,069리(里)

[표 4] 가탐도리기(賈耽道里記)에 의하면

경사 (京師)	영주 (營州)	연군성 (燕郡城)	대요수 (大遼水)	안동도호부 (安東都護府)	박작성 (泊汋城)
➡	3,589리(里)	3,769리(里)	➡	4,269리(里)	4,969리(里)

가탐도리기(賈耽道里記)에 의하면 압록강(鴨淥江) 하류 서북쪽에 박작성(泊汋城)이 위치하고 있으며, '안동도호부(安東都護府)에서 남쪽으로 박작성(泊汋城)까지 700리(里)'라고 기록되어 있다.

박작성(泊汋城)은 경사(京師)에서 4,969리(里) 떨어져 있으며, 정사서(正史書)의 기록을 그대로 반영한 [표 4]는 [표 1]과 더불어 참이다.

따라서, 대요수(大遼水)가 각각 현(現) 난하(灤河)와 현(現) 요하(遼河)로 설정된 [표 2]와 [표 3] 중 [표 4]에 부합(符合)하지 않는 [표]는 거짓이다.

[표 2]는 [표 4]에 부합(符合)하며, 수학적으로도 아무런 문제가 없다.

반면, [표 3]은 [표 4]에 부합(符合)하지 않으며, 수학적으로도 성립하지 않는다.

만약 대요수(大遼水)가 현(現) 요하(遼河)라고 본 [표 3]이 '참'이라면, 현(現) 요하(遼河) 동쪽의 안동도호부(安東都護府)에서 현(現) 압록강(鴨綠江)을 건너 현재의 평양까지는 800리(里)이다.

그런데 현(現) 압록강(鴨綠江) 하류 서북쪽에 위치한 박작성(泊汋城)에 도착했을 때 이미 700리(里)를 지나왔으므로, 남은 100리(里)만으로는 현(現) 압록강(鴨綠江)을 건너 현재의 평양에 도달할 수 없기 때문이다.

숫자는 정확성을 보장하므로, 가탐도리기(賈耽道里記)에 기록된 '박작성(泊汋城)에 인접해 있는 압록강(鴨淥江)'은 현(現) 요하(遼河)이다.

> **학설 236)**
> 가탐도리기(賈耽道里記)에 기록된 '박작성(泊汋城)에 인접해 있는
> 압록강(鴨淥江)'은 현(現) 요하(遼河)이다.

5. AD 598년의 고구려(高句麗) 영토에 대한 연구 결과

1. 고구려(高句麗)의 서쪽 국경은 현(現) 난하(灤河) 서쪽의 의무려산(醫巫閭山)이다.

2. 고구려(高句麗)는 동쪽으로 연해주 바다에 이르렀다.

3. 한반도 내 국경은 황해도 예성강과 함경남도의 황초령과 마운령이다.

4. 고구려(高句麗) 북쪽에는 말갈(靺鞨)이 거주했다.

5. 고구려(高句麗) 서쪽 국경인 의무려산(醫巫閭山)과 현(現) 요하(遼河) 간 거리는 1,210리(里) 전후이다.

6. 현(現) 요하(遼河)에서 연해주 바다까지의 거리는 2,080리(里) 전후이다.

第5節
고구려(高句麗) 영토고표(領土考表) 완성본(完成本)

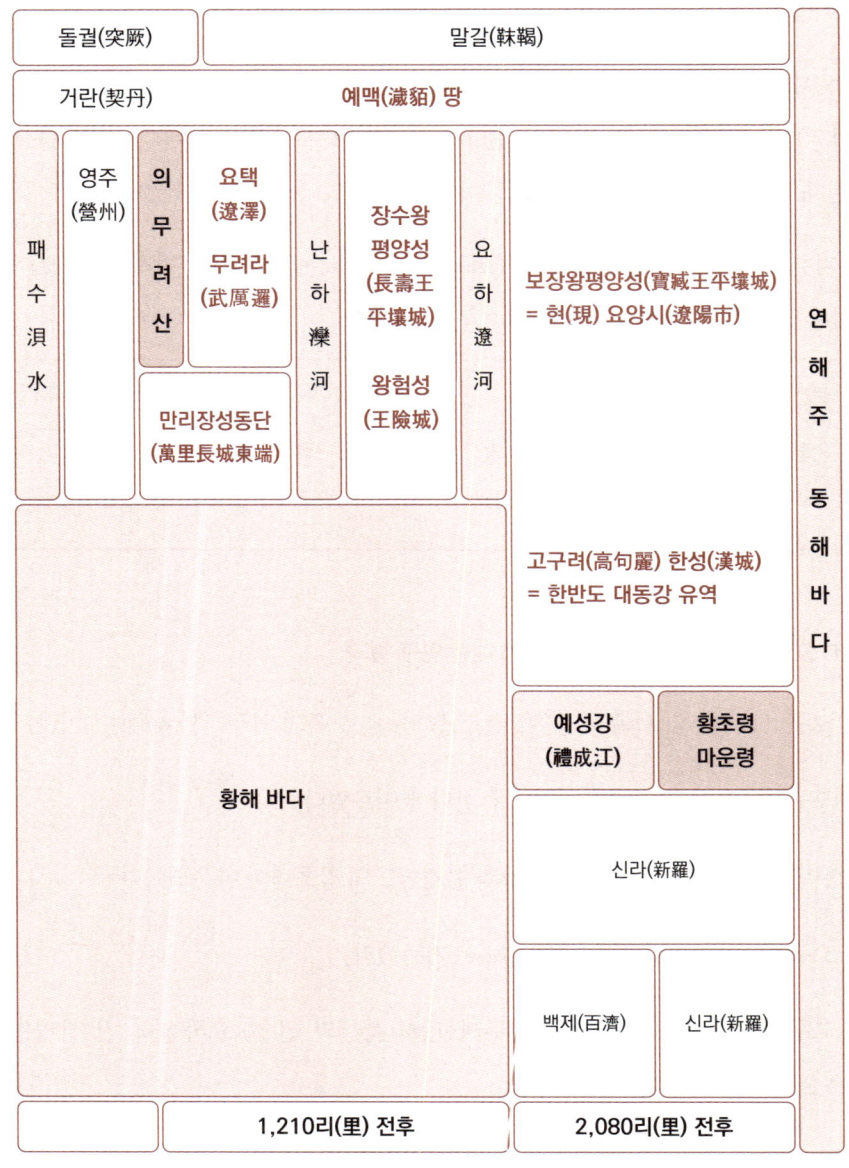

고구려(高句麗)와 고조선(古朝鮮)의 영토고표(領土考表)를 비교한 결과

1. 패수(浿水)와 현(現) 난하(灤河) 사이의 진요동(秦遼東)은 의무려산(醫巫閭山)을 기준으로 동서로 나누어졌다.

2. 의무려산(醫巫閭山) 서쪽, 즉 진요동(秦遼東) 서부 지역을 제외한 고조선(古朝鮮)의 모든 영토는 고구려(高句麗)의 영토로 승계되었다.

3. 예맥(濊貊) 땅 서부 지역 중 현(現) 난하(灤河) 서쪽에는 거란족이 거주했는데, 이는 고구려(高句麗)가 이 지역을 완충지대로 삼기 위해 의도적으로 허용한 것이다.

참고문헌

삼국사기(三國史記) 〈김부식(金富軾)〉

수서(隋書) 〈위징(魏徵) 등〉

구당서(舊唐書) 〈유후(劉煦) 등〉

신당서(新唐書) 〈구양수(歐陽修) 등〉

통전(通典) 〈두우(杜佑)〉

요사(遼史) 〈탈탈(脫脫)〉

동북아고대사정립(東北亞古代史正立) 1 〈김석주(金錫柱)〉

동북아고대사정립(東北亞古代史正立) 2 〈김석주(金錫柱)〉

동북아고대사정립(東北亞古代史正立) 3 〈김석주(金錫柱)〉

第18章

논문(論文)
후한서군국지(後漢書郡國志)의 거리 기록 연구

후한서군국지(後漢書郡國志)의 거리 기록 연구

 본 연구의 첫 번째 목적은 후한서군국지(後漢書郡國志)의 거리 기록 중, 낙양(洛陽)에서 상곡군(上谷郡)·어양군(漁陽郡)·우북평군(右北平郡)·요서군(遼西郡)·요동군(遼東郡)까지의 거리 기록을 비교연구(比較研究)하여, 한(漢) 양평현(襄平縣)이 현(現) 난하(灤河) 동쪽에 접해 있었다는 본 연구자의 주장이 수학적으로 타당한지를 검증하는 데 있다.

 한(漢) 요동군(遼東郡) 치소 양평현(襄平縣)의 위치가 중요한 이유는, 이 지역을 흐르던 대요수(大遼水)의 위치를 밝혀주는 단서이기 때문이다.

 한중일학계(韓中日學界)는 대요수(大遼水)를 현(現) 요하(遼河)로 비정해 왔다.

 반면, 본 연구자는 대요수(大遼水)를 현(現) 난하(灤河)로 비정하고 있다.

 결국, 한(漢) 요동군(遼東郡) 양평현(襄平縣)의 위치가 밝혀지면, 어느 비정이 옳은지 판가름 날 것이다.

 본 연구의 두 번째 목적은, '현(現) 요양시(遼陽市)가 한(漢) 요동군(遼東郡) 양평현(襄平縣)을 승계했다'는 한중일학계(韓中日學界)의 통설(通說)이 수학적으로 가능한지를 후한서군국지(後漢書郡國志)의 거리 기록을 통해 검증하는 것이다.

 세 번째 목적은, 한서(漢書) 무제기(武帝紀) 원봉(元封) 3년의 기록에 대해 신찬(臣瓚)이 인용한 무릉서(茂陵書)의 거리 기록을 분석함으로써, '한(漢)이 고조선(古朝鮮)의 영토 내에 설치한 임둔군(臨屯郡)과 진번군(眞番郡)의 위치는 각각 현(現) 요하(遼河) 하류 유역과 한반도 북부 지역이었다'는 본 연구자의 주장이 수학적으로 가능한지를 검증하는 것이다.

 한편, 본 연구에서 유일한 기점(起點)인 후한서군국지(後漢書郡國志)의 낙양(洛陽)은 당(唐) 시기의 낙양(洛陽)인 현(現) 낙양성(洛陽城)이 아니라 현(現) 한위낙양고성(漢魏洛陽故城)을 의미한다.

第 1 節
연구 범위 및 구성

후한서군국지(後漢書郡國志)에는 후한(後漢)의 수도 낙양(洛陽), 즉 현(現) 한위낙양고성(漢魏洛陽故城)과 군국(郡國) 간 거리가 기록되어 있다.

무릉서(茂陵書)에는 전한(前漢)의 수도 장안(長安)에서 임둔군(臨屯郡) 치소 동이현(東暆縣)과 진번군(眞番郡) 치소 잡현(霅縣)까지의 거리가 기록되어 있다.

'무릉서(茂陵書)의 저자로 알려진 사마상여(司馬相如)〈BC 179 ~ BC 117년〉의 생애는 임둔군(臨屯郡)과 진번군(眞番郡)이 설치되기 전'이라는 이유로, 신채호(申采浩) 선생은 무릉서(茂陵書)의 신뢰도를 의심했다.

그러나 '진짜 저자는 누구인가?'라는 지엽적인 문제 때문에 역사적 사실을 밝혀줄 소중한 기록을 무시해서는 안 된다.

무릉서(茂陵書)의 거리 기록은 전한(前漢)의 기준척(基準尺)이 사용되었다.

전한(前漢)과 후한(後漢) 시기에 사용된 기준척(基準尺)들이 발견 또는 발굴되었는데, 모두 23cm 전후이다.

1리(里)의 거리는 1,800척(尺)으로, 414m 전후이다.

본 연구자는 전한(前漢)의 기준척(基準尺)보다 조금 더 평균에 수렴하는 수치를 보인 후한(後漢)의 기준척(基準尺)을 선택했다.

중국역사지명대사전(中國歷史地名大辭典)에 의하면 후한(後漢) 1리(里)의 거리는 414.72m이다.

따라서 후한서군국지(後漢書郡國志)와 무릉서(茂陵書)에 기록된 1리(里)는 414.72m로 정하고 연구를 진행하고자 한다.

고중국(古中國)의 사서(史書)에 기록된 거리는 '도리(道里)'로, 이는 수레가 지나갈 수 있는 정상적인 도로의 길이, 즉 수레의 바퀴 회전수를 활용하여 기점(起點)과 종점(終點) 간 고대도로의 길이를 측량한 결과물이다.

현대에도 자동차의 바퀴 회전수를 활용하여 도로의 길이를 측량하며, 수레와 자동차라는 차이만 있을 뿐 바퀴 회전수를 통해 도로의 길이를 측량한다는 점은 같다.

현대의 최단거리도로(最短距離道路)와 고대도로의 차이점을 분석하고, 이에 상응하는 적절한 가중치를 변수(變數)로 설정하여 대입하면, 역사지명 연구에 활용될 수 있을 것이다.

하지만 본 연구자는 그 '적절한 가중치'를 객관화할 수 있는 방법을 찾지 못했다.

도로의 길이는 GPS로 측정하는 직선거리처럼 절대적인 값이 아니라, 지형과 도로의 개선에 따라 리수(里數)가 달라지는 상대적인 거리이기 때문이다.

이러한 이유로 사서(史書)에 기록된 거리 기록을 활용하여 역사지명을 비정하는 데에는 신중을 기해야 한다는 것이 본 연구자의 판단이다.

따라서 본 연구자는 오직 수학적으로 타당한지 여부만을 판단하고자 한다.

더불어 '시간이 흘러 도로가 개선되며 발생하는 오차를 애초에 배제하기 위해, 동시대의 기록만을 사용하여 연구하겠다'는 원칙을 세웠기에, 본 연구에서는 다른 시대의 거리 기록을 활용하지 않을 것이다.

한중일학계(韓中日學界)의 통설(通說)과 다른 내용을 언급하면서도 근거를 생략한 글은 모두 동북아고대사정립(東北亞古代史正立) 1 ~ 3에서 본 연구자가 충분히 논증한 내용임을 미리 밝힌다.

본 연구자의 주장이 한중일학계(韓中日學界)의 통설(通說)과 많이 다르다는 이유로 이미 논증한 내용의 근거를 모두 제시하면서 기술하면 논점이 흐려지기 때문이다.

第 2 節
한(漢) 상곡군(上谷郡) 저양현(沮陽縣)의 위치 연구

정사서(正史書)의 거리 기록들은 예외 없이 두 지역 간 고대도로의 실제 길이를 반영하고 있다.

한편, 오늘날 구글맵(Google Map)은 두 지역 간 최단거리도로(最短距離道路)의 길이를 제공한다.

따라서 고대도로와 현대도로 간의 길이 차이, 즉 단축률을 정량적으로 파악할 수 있으며, 이 단축률은 도로 길이의 변화를 수치화한 객관적인 지표로서, 역사지명에 대한 비교연구(比較研究)에 실질적인 기여를 할 수 있다.

수레가 다니던 고대도로가 자동차가 다니는 현대적인 도로로 개선되면서, 현대도로의 길이는 고대도로의 길이에 비해 상당 부분 단축되었다.

두 지역 간의 지형 조건이 천차만별인 만큼 단축률 또한 지역마다 큰 차이를 보일 수밖에 없다.

그럼에도 불구하고, 논리적인 사고에 기반한 비교연구를 통해 누구나 두 지역 간 단축률이 수학적으로 가능한지 여부를 판단할 수 있다.

이에 본 연구에서는 정사서(正史書)의 거리 기록을 감안할 때 역사지명 비정이 수학적으로 가능한지 여부를 판단하기 위해 고대도로와 현대도로 간 단축률을 활용한 역사지명 비교연구(比較研究)를 '고대도로 단축률 연구'라 칭한다.

'고대도로 단축률 연구'가 활성화되면, 숫자는 거짓말을 하지 않기에, 정사서(正史書)의 수 많은 거리 기록들이 소중한 자료로 재조명되며, 동북아고대사정립(東北亞古代史正立)에 크게 기여할 것이다.

'고대도로 단축률 연구'에서 가장 주의해야 할 점은, 누구나 인정할 수밖에 없을 만큼 상식적으로 역사지명 비정이 분명한 곳을 기점(起點), 즉 검증의 기준점으로 삼아야 한다는 점이다.

예를 들어, 당(唐) 시기의 서안성(西安城)과 낙양성(洛陽城)은 풍부한 역사 기록과 함께, 성곽을 포함한 고고학적 증거로 위치가 명확히 확인되어 누구나 그 위치를 인정할 수 있다.

또한, 송(宋) 시기의 개봉성(開封城)은 성벽 전체가 온전히 보존되어 있지는 않지만, 고고학적 발굴과 역사 기록을 통해 당시 위치가 명확히 확인되므로, 확실한 검증 기준점으로 활용할 수 있다.

[고대도로 단축률 연구 1]

후한서군국지(後漢書郡國志)에 의하면 상곡군(上谷郡) 치소는 저양현(沮陽縣)이며, 낙양(洛陽) 동북 3,200리(里)이다.

따라서 현(現) 한위낙양고성(漢魏洛陽故城)에서 상곡군(上谷郡) 치소 저양현(沮陽縣)까지 고대도로의 길이는 1,327.1km〈3,200×414.72m〉이다.

통설(通說)에 의하면 상곡군(上谷郡) 치소 저양현(沮陽縣)은 현(現) 하북성(河北省) 장가구시(張家口市) 회래현(懷來縣)이다.

구글맵(Google Map)에 의하면 현(現) 한위낙양고성(漢魏洛陽故城)과 현(現) 회래현(懷來縣) 간 구글(Google) 최단거리도로(最短距離道路)의 길이는 886km이다.

현(現) 한위낙양고성(漢魏洛陽故城)과 저양현(沮陽縣) 간 2,000년 전 고대도로의 길이를 33.2% 단축시켰음을 알 수 있다.

실제 저양성(沮陽城)을 기준점으로 대입하면, 단축률은 35% 이상으로 증가했을 것이다.

근거는 다음과 같다.

동북아고대사정립 3의 학설 146) **에 의하면**

> 하북성(河北省)의 명장성(明長城)은 당장성(唐長城) 북쪽에 축성되었다.
> 그 결과, 거용관(居庸關)이나 고북구(古北口)와 같은 장성의 행정명들은
> 명장성(明長城)을 따라 원래 위치보다 북쪽으로 이동했다.
> 북쪽으로 이동한 행정명을 기준으로 역사지명을 비정한 결과,
> 현(現) 하북성(河北省) 북부 지역은 역사지명의 비정이 대부분 거짓이다.

상곡군(上谷郡) 저양현(沮陽縣) 치소 저양성(沮陽城)이 위치한 곳은 현(現) 영정하(永定河) 남쪽이다.

하지만 저양성(沮陽城)이 비정된 현(現) 하북성(河北省) 회래현(懷来縣)이 위치한 곳은 현(現) 영정하(永定河) 북쪽이다.

명장성(明長城) 축성으로 행정명들이 북쪽으로 이동했기 때문에 저양성(沮陽城)이라는 역사지명 또한 본래의 위치인 현(現) 영정하(永定河) 남쪽이 아닌 북쪽에 위치하게 된 것이다.

본래의 위치보다 북쪽에 비정되었음에도 불구하고 33.2%를 단축시켰다는 데이터가 나왔기에 본 연구에는 영향을 미치지 않는다.

후한(後漢) 기준척(基準尺)으로 현(現) 한위낙양고성(漢魏洛陽故城)에서 3,200리(里)는 어느 정도에 이르는지와 후한(後漢) 시기 고대도로를 현대의 최단거리도로(最短距離道路)와 비교했을 때 일반적으로 어느 정도 단축되는지를 파악하는 것이 이번 연구의 주요 관점이기 때문이다.

이번 연구 결과로 본 연구자는 후한(後漢) 기준척(基準尺)으로 현(現) 한위낙양고성(漢魏洛陽故城) 동북 3,200리(里) 지점은 현(現) 북경시(北京市)를 둘러싸고 있는 산악지대 정도임을 알 수 있게 되었다.

더불어 두 지점 간 여정이 평탄지에 일부 산악지대가 포함된 경우, 후한(後漢) 시기 거리 기록과 비교한 고대도로 대비 단축률은 약 30%임을 확인할 수 있었다.

[고대도로 단축률 연구 2]

후한서군국지(後漢書郡國志)에 의하면 요서군(遼西郡) 치소는 양락현(陽樂縣)이며, 낙양(洛陽) 동북 3,300리(里)이다.

따라서 현(現) 한위낙양고성(漢魏洛陽故城)에서 요서군(遼西郡) 치소 양락현(陽樂縣)까지 고대도로의 길이는 1,368.6km〈3,300×414.72m〉이다.

통설(通說)에 의하면 요서군(遼西郡) 치소 양락현(陽樂縣)은 현(現) 하북성(河北省) 진황도시(秦皇島市) 무녕구(撫寧區)이다.

구글맵(Google Map)에 의하면 현(現) 한위낙양고성(漢魏洛陽故城)과 현(現) 무녕구(撫寧區) 간 구글(Google) 최단거리도로(最短距離道路)의 길이는 1,021km이다.

통설(通說)은 잘못된 비정임에도 불구하고 현(現) 한위낙양고성(漢魏洛陽故城)과 양락현(陽樂縣) 간 2,000년 전 고대도로의 길이를 25.4% 단축시켰음을 알 수 있다.

실제 양락성(陽樂城)을 기준점으로 대입하면, 단축률이 증가했을 것이다.

근거는 다음과 같다.

한서지리지(漢書地理志) 요서군(遼西郡) 편에 의하면 한(漢) 요서군(遼西郡) 속현들은 모두 대요수(大遼水) 서쪽에 위치한다.

따라서 양락현(陽樂縣)은 대요수(大遼水)인 현(現) 난하(灤河) 서쪽에 위치해야 한다.

하지만 양락현(陽樂縣)으로 비정된 무녕구(撫寧區)는 현(現) 난하(灤河) 동쪽에 위치하기 때문에 잘못된 비정이며, 현(現) 난하(灤河) 서쪽의 올바른 위치에서 계산했다면 단축률은 25.4%를 넘었을 것이다.

한위낙양고성(漢魏洛陽故城)과 현(現) 난하(灤河) 간 수레가 다닐 수 있는 2,000년 전 고대도로가 자동차가 다니는 현대적인 도로로 개선되면서 현대도로의 길이는 고대도로의 길이에 비해 30% 정도 단축되었음을 알 수 있다.

'후한(後漢) 기준척(基準尺)으로 낙양(洛陽) 동북 3,300리(里)는 되어야 현(現) 난하(灤河)에 인접할 수 있다'는 연구 결과는 전혀 놀랍지 않다.

이미 **고대도로 단축률 연구 1** 에서 '후한(後漢) 기준척(基準尺)으로 낙양(洛陽) 동북 3,200리(里)는 되어야 북경시(北京市) 중심지 서쪽 산악지대에 도달할 수 있다'는 연구 결과가 제시된 바 있으며, 이는 기존 연구의 단축률을 고려할 때 일관된 수치로 해석될 수 있다.

> **학설 237)**
> 한위낙양고성(漢魏洛陽故城)과 현(現) 난하(灤河) 간 수레가 다닐 수 있는 2,000년 전 고대도로가 자동차가 다니는 현대적인 도로로 개선되면서 현대도로의 길이는 고대도로의 길이에 비해 30% 정도 단축되었다.
> 후한(後漢) 기준척(基準尺)으로 낙양(洛陽) 동북 3,300리(里)는 되어야 현(現) 난하(灤河)에 인접할 수 있다.

낙양(洛陽) 동북 3,300리(里)가 진황도시(秦皇島市) 무녕구(撫寧區)라는 통설(通說)이 옳다면, 무녕구(撫寧區)에서 동쪽으로 300리(里) 떨어진 지점에 한(漢) 요동군(遼東郡) 양평현(襄平縣)이 위치해야 한다.

후한서군국지(後漢書郡國志)에 의하면 한(漢) 요동군(遼東郡) 양평현(襄平縣)은 낙양(洛陽) 동북 3,600리(里) 지점에 위치하기 때문이다.

하지만 무녕구(撫寧區)에서 후한(後漢) 기준척(基準尺)으로 300리(里)는 명백히 부족하며, 1,500리(里)는 더 가야 한중일학계(韓中日學界)가 한(漢) 요동군(遼東郡) 양평현(襄平縣)으로 비정하는 현(現) 요양시(遼陽市)에 도달할 수 있다.

구글맵(Google Map)에 의하면 무녕구(撫寧區)와 요양시(遼陽市) 간 구글(Google) 최단 거리도로(最短距離道路)의 길이는 425km이기 때문이다.

결론적으로 후한서군국지(後漢書郡國志)의 거리 기록은 '한(漢) 요동군(遼東郡) 양평현(襄平縣)이 현(現) 요양시(遼陽市)'라는 한중일학계(韓中日學界)의 통설(通說)은 역사적 사실이 아님을 숫자로 말하고 있다.

낙양(洛陽) 동북 3,300리(里)의 양락현(陽樂縣)이 현(現) 난하(灤河) 동쪽에 비정된 것은 명(明)의 역사 왜곡으로 인해 한중일학계(韓中日學界)가 약 600년 전부터 현(現) 난하(灤河)를 유수(渝水)로 잘못 인식하고 있기 때문이다.

동북아고대사정립 3의 학설 168) 에 의하면

> 명장성(明長城)이 축성된 이후, 현(現) 당산시(唐山市)와 진황도시(秦皇島市)가 고중국(古中國)의 내지로 편입되었다.
> 고중국(古中國)의 내지가 동북쪽으로 확장된 만큼 당장성(唐長城) 내에 위치했던 행정명들도 동북쪽으로 이동했다.

현(現) 당산시(唐山市)와 진황도시(秦皇島市)가 고중국(古中國)의 내지로 편입되면서 양락현(陽樂縣)이라는 행정명도 동쪽으로 옮겨졌다.

이는 한(漢) 어양군(漁陽郡)과 우북평군(右北平郡)의 속현들도 마찬가지이다.

이로인해 현재 한(漢) 어양군(漁陽郡)과 우북평군(右北平郡) 속현들은 현(現) 당산시(唐山市) 일대에 비정되어 있다.

하지만 이는 약 600년 전의 잘못된 비정을 그대로 따르고 있는 것일 뿐, 역사적 사실이 아니다.

한(漢) 어양군(漁陽郡)과 우북평군(右北平郡)의 속현들은 본래 현(現) 북경시(北京市) 일대에 위치했다.

잘못된 비정임을 인지한 상태에서 거리 자료를 확보하기 위해 진행된 상곡군(上谷郡)과 요서군(遼西郡)의 거리 기록 연구는, 이를 수치적으로 뒷받침하고 있다.

특히 동북아고대사정립 3의 학설 183) 에 의하면, 한(漢) 어양군(漁陽郡)의 치소는 현(現) 북경시(北京市) 자금성(紫禁城) 서쪽에 위치했다.

어양군(漁陽郡)과 지리적으로 밀접한 한(漢) 우북평군(右北平郡) 우북평성(右北平城)도 북경시(北京市)에 위치했다는 본 연구자의 주장을 검증해 보자.

동북아고대사정립 3의 학설 187) 에 의하면

> 어양군(漁陽郡)과 우북평군(右北平郡)은 산융(山戎)의 영토였던 현(現) 북경시(北京市)에 위치했으며, 북경시(北京市) 동쪽에 위치한 현(現) 천진시(天津市) 북부 지역은 산융(山戎) 동쪽에 접해 있던 고죽국(孤竹國)의 영토였다.
> 고죽국(孤竹國)의 영토는 한(漢) 요서군(遼西郡)의 영토로 승계되었다.

후한서군국지(後漢書郡國志)에 의하면 우북평군(右北平郡)의 치소는 토은현(土垠縣)이며, 낙양(洛陽) 동북 2,300리(里)이다.

이 토은현(土垠縣)의 치소인 토은성(土垠城)은 우북평성(右北平城)으로 불리었다.

동북아고대사정립 3의 학설 188) 에 의하면

> 진(晉) 시기, 우북평군(右北平郡)과 우북평성(右北平城)이라는 행정명은 역사속으로 사라졌으며, 각각 북평군(北平郡)과 북평성(北平城)으로 개칭되었다.
> 진(晉) 북평군(北平郡) 치소 북평성(北平城)은 후한(後漢) 기준척(基準尺)으로 낙양(洛陽) 동북 2,300리(里) 지점에 위치한다.

진(晉)이 우북평군(右北平郡)을 북평군(北平郡)으로 개칭하면서, 토은현(土垠縣) 우북평성(右北平城) 또한 북평성(北平城)으로 개칭되었다.

이로 인해 현재의 북경 지역이 '북평'으로 불리게 되었으며, '북평'은 본래 '우북평'을 의미한다.

동북아고대사정립 3의 학설 193)에 의하면

> 수(隋) 시기, 현(現) 북경시(北京市) 자금성(紫禁城) 남쪽 174리(里) 지점에 위치한 토은현(土垠縣) 북평성(北平城)은 계성(薊城)으로 개칭되었다.

북평성(北平城)으로 개칭된 토은현(土垠縣) 우북평성(右北平城)은 수(隋) 시기, 계성(薊城)으로 개칭되었다.

따라서 현(現) 북경시(北京市) 남쪽 경계에 인접해 있던 수(隋)·당(唐) 시기의 계성(薊城)은 토은현(土垠縣)의 우북평성(右北平城)과 동일하다.

현(現) 한위낙양고성(漢魏洛陽故城)과 우북평군(右北平郡) 치소 우북평성(右北平城) 간 거리가 후한(後漢) 기준척(基準尺)으로 2,300리(里)에 불과한 이유는, 낙양(洛陽)과 북경시(北京市) 남쪽 경계 사이에 산악지대가 거의 없기 때문이다.

참고로, 수(隋)의 113만 고구려 원정군은 우북평성(右北平城) 일대에 집결하였으며, 이 우북평성(右北平城)은 당시 계성(薊城)으로 불렸다.

또한, 현(現) 북경시(北京市) 남쪽 경계에 인접한 우북평성(右北平城)을 기준으로 동북쪽 1,300리(里) 지점에 한(漢) 요동군(遼東郡) 양평현(襄平縣)이 위치한다.

현(現) 북경시(北京市) 동북쪽에는 대요수(大遼水)로 비정될 수 있는 대하천이 2개 있는데, 바로 현(現) 난하(灤河)와 요하(遼河)이다.

그러나 현(現) 북경시(北京市) 남쪽 경계에서 동북쪽으로는 험난한 산악지대가 연이어 있다.

따라서 현(現) 북경시(北京市) 남쪽 경계에서 후한(後漢) 기준척(基準尺)으로 1,300리(里) 떨어진 지점에 위치한 한(漢) 요동군(遼東郡) 양평현(襄平縣)이 현(現) 난하(灤河)가 아니라 현(現) 요하(遼河) 동쪽에 위치한다는 한중일학계(韓中日學界)의 통설(通說)은 수학적으로 불가능하다.

한편, 낙양(洛陽) 동북 3,200리(里) 지점에 위치한 상곡군(上谷郡) 치소는 현(現) 북경시(北京市) 중심지 서쪽에 위치한다.

또한 낙양(洛陽) 동북 3,300리(里) 지점에 위치한 요서군(遼西郡) 치소는 잘못된 비정임에도 불구하고 현(現) 하북성(河北省)을 벗어나지 못한다.

그런데 낙양(洛陽) 동북 3,600리(里) 지점에 위치한 요동군(遼東郡) 치소 양평현(襄平縣)이 어떻게 현(現) 하북성(河北省)을 벗어날 수 있단 말인가?

역사학자들의 본래 역할이 엄밀한 사실 검증에 있는 만큼, 한중일학계(韓中日學界)의 통설(通說)을 맹신하지 말고, 대요수(大遼水)를 현(現) 난하(灤河)로 비정하면 모든 것이 명확해진다는 본 연구자의 주장을 엄밀히 검증해 보길 바란다.

후한서군국지(後漢書郡國志)의 거리 기록을 수학적으로 비교해 보면, 낙양(洛陽) 동북 3,600리(里) 지점에 위치한 요동군(遼東郡) 치소는 현(現) 난하(灤河) 유역에 위치해야 하며, 현(現) 하북성(河北省)을 벗어난 지역에는 위치할 수 없다.

> 학설 238)
> 낙양(洛陽) 동북 3,200리(里) 지점의 상곡군(上谷郡) 치소 및 낙양(洛陽) 동북 3,300리(里) 지점의 요서군(遼西郡) 치소와 수학적으로 비교해볼 때 낙양(洛陽) 동북 3,600리(里) 지점에 위치한 요동군(遼東郡) 치소는 현(現) 하북성(河北省)을 벗어날 수 없다.

[고대도로 단축률 연구 3]

본 연구는 '한(漢) 양평현(襄平縣)이 현(現) 요하(遼河) 동쪽 요양시(遼陽市)와 동일한 위치였다면, 후한서군국지(後漢書郡國志)에 양평현(襄平縣)은 낙양(洛陽) 동북 3,600리(里)가 아니라 5,000리(里) 전후로 기록되었을 것'이라는 가정에서 출발한다.

이처럼 현(現) 요하(遼河) 동쪽 요양시(遼陽市)는 낙양(洛陽)에서 먼 곳이다.

이를 검증하기 위해, '한(漢) 양평현(襄平縣)은 낙양(洛陽) 동북 5,000리(里) 지점에 위치한다'는 가상의 명제를 설정하고, 이 명제를 바탕으로 단축률을 산출하여 그 타당성을 분석하고자 한다.

현(現) 한위낙양고성(漢魏洛陽故城)과 낙양(洛陽) 동북 5,000리(里) 지점에 위치한 가상의 양평현(襄平縣) 간 고대도로의 길이는 2,073.6km〈5,000×414.72m〉이다.

구글맵(Google Map)에 의하면 현(現) 한위낙양고성(漢魏洛陽故城)과 현(現) 요양시(遼陽市) 간 구글(Google) 최단거리도로(最短距離道路)의 길이는 1,430km이다.

현(現) 한위낙양고성(漢魏洛陽故城)과 가상의 양평현(襄平縣) 간 2,000년 전 고대도로의 길이를 31.0% 단축시켰다는 결과가 나왔다.

만약 후한서군국지(後漢書郡國志)에 '요동군(遼東郡) 양평현(襄平縣)은 낙양(洛陽) 동북 5,000리(里) 지점에 위치한다'고 기록되어 있다면, '현(現) 요양시(遼陽市)와 한위낙양고성(漢魏洛陽故城) 간 고대도로의 길이에 비해 현대도로의 길이는 31.0% 단축되었다'는 합리적인 데이터를 근거로 본 연구자는 '현(現) 요양시(遼陽市)를 요동군(遼東郡) 양평현(襄平縣)으로 비정하는 것은 수학적으로 가능하다'고 결론을 내렸을 것이다.

하지만 후한서군국지(後漢書郡國志)에는 한(漢) 양평현(襄平縣)까지의 거리가 5,000리(里)가 아니라 3,600리(里)로 기록되어 있다.

이 1,400리(里)의 차이는 현(現) 요하(遼河)와 난하(灤河) 사이의 거리와 유사하다.

학설 237) 에 의하면

> 한위낙양고성(漢魏洛陽故城)과 현(現) 난하(灤河) 간 수레가 다닐 수 있는 2,000년 전 고대도로가 자동차가 다니는 현대적인 도로로 개선되면서 현대도로의 길이는 고대도로의 길이에 비해 30% 정도 단축되었다.
> 후한(後漢) 기준척(基準尺)으로 낙양(洛陽) 동북 3,300리(里)는 되어야 현(現) 난하(灤河)에 인접할 수 있다.

이전 연구에는 후한(後漢) 기준척(基準尺)으로 낙양(洛陽) 동북 3,300리(里)는 되어야 약 30%의 단축률로 현(現) 난하(灤河)에 인접할 수 있다는 결과가 도출되었다.

이러한 선행 연구를 바탕으로 낙양(洛陽) 동북 5,000리(里) 정도가 되어야 31%의 단축률로 현(現) 요양시(遼陽市)에 도달할 수 있다는 이번 연구 결과는 이후 만주의 역사지명 비정에 관한 '고대도로 단축률 연구'에 중요한 이정표가 될 것이다.

따라서, 낙양(洛陽) 동북 5,000리(里)라는 가상의 명제로부터 도출된 31% 단축률을 근거로 '후한(後漢) 기준척(基準尺)으로 낙양(洛陽) 동북 3,600리(里) 지점에 불과한 한(漢) 양평현(襄平縣)의 위치가 현(現) 요양시(遼陽市)라는 한중일학계(韓中日學界)의 통설(通說)은 수학적으로 불가능하다'고 결론을 내린다.

이번 연구로 한(漢) 요동군(遼東郡) 양평현(襄平縣)이 현(現) 요하(遼河) 동쪽에 위치하기 위해서는 낙양(洛陽) 동북 3,600리(里)가 아니라 낙양(洛陽) 동북 5,000리(里) 정도는 되어야 가능하다는 사실을 알 수 있었다.

대요수(大遼水)는 한(漢) 요동군(遼東郡) 양평현(襄平縣) 서쪽에 위치한다.

한(漢) 양평현(襄平縣) 서쪽에서 흐르는 대요수(大遼水)가 현(現) 요하(遼河)일 가능성 또한 수학적으로 불가능하다.

> **학설 239)**
> 현(現) 요양시(遼陽市)와 한위낙양고성(漢魏洛陽故城) 간 거리 기록이 후한(後漢) 기준척(基準尺)으로 5,000리(里)는 되어야 '두 지점 간 현대도로의 길이가 고대도로에 비해 31% 단축되었다'는 합리적인 데이터를 근거로 양평현(襄平縣)을 요양시(遼陽市)로 비정하는 것이 가능하다.
> 따라서 낙양(洛陽) 동북 3,600리(里)에 불과한 양평현(襄平縣)이 현(現) 요양시(遼陽市)로 승계되었다는 통설(通說)과 양평현(襄平縣) 서쪽에서 흐르는 대요수(大遼水)가 현(現) 요하(遼河)라는 비정은 모두 정사서(正史書)의 거리 기록을 감안하지 않은 잘못된 결론이다.

第 3 節
한(漢) 요동군(遼東郡) 양평현(襄平縣)의 위치 연구

[고대도로 단축률 연구 4]

　후한서군국지(後漢書郡國志)에 의하면 대군(代郡) 치소는 고류현(高柳縣)이며, 낙양(洛陽) 동북 2,500리(里)이다.

　따라서 현(現) 한위낙양고성(漢魏洛陽故城)에서 대군(代郡) 치소 고류현(高柳縣)까지 고대도로의 길이는 1,036.8km⟨2,500×414.72m⟩이다.

　통설(通說)에 의하면 대군(代郡) 치소 고류현(高柳縣)은 현(現) 산서성(山西省) 대동시(大同市) 양고현(陽高縣)이다.

　구글맵(Google Map)에 의하면 현(現) 한위낙양고성(漢魏洛陽故城)과 현(現) 양고현(陽高縣) 간 구글(Google) 최단거리도로(最短距離道路)의 길이는 738km이다.

　현(現) 한위낙양고성(漢魏洛陽故城)과 고류현(高柳縣) 간 2,000년 전 고대도로의 길이를 28.8% 단축시켰음을 알 수 있으며, 낙양(洛陽)에서 고류현(高柳縣)까지 여정은 대체로 평탄하다.

[고대도로 단축률 연구 5]

　후한서군국지(後漢書郡國志)에 의하면 합포군(合浦郡) 치소는 합포현(合浦縣)이며, 낙양(洛陽)에서 남쪽으로 9,191리(里)이다.

　따라서 현(現) 한위낙양고성(漢魏洛陽故城)에서 한(漢) 합포현(合浦縣)까지 고대도로의 길이는 3,811.7km⟨9,191×414.72m⟩이다.

　통설(通說)에 의하면 한(漢) 합포현(合浦縣)은 현(現) 광동성(廣東省)에 위치한 합포현(合浦縣)이다.

구글맵(Google Map)에 의하면 현(現) 한위낙양고성(漢魏洛陽故城)과 현(現) 합포현(合浦縣) 간 구글(Google) 최단거리도로(最短距離道路)의 길이는 1,768km이다.

현(現) 한위낙양고성(漢魏洛陽故城)과 한(漢) 합포현(合浦縣) 간 2,000년 전 고대도로의 길이를 53.6% 단축시켰음을 알 수 있다.

고대도로 단축률 연구 4에서 28.8% 단축되었다는 데이터를 확인했을 때는 적절하다고 판단되었으나, **고대도로 단축률 연구 5**에서 53.6% 단축되었다는 데이터에는 다소 놀랄 수밖에 없었다.

수백 리(里)의 짧은 거리에서 산악지대를 가로지르는 도로라면 단축률이 70%에 이를 수도 있겠지만, 9,000리(里) 이상 떨어진 거리였기에 산악지대와 평지가 혼재된 지형임을 고려할 때 단축률을 40% 전후로 예상했기 때문이다.

2,000년 동안 도로의 길이가 얼마나 단축되었는지는 토목기술의 발달과 밀접한 관련이 있다.

토목기술의 발달로 도로 길이가 가장 획기적으로 단축된 구간은 터널이 뚫리거나 골짜기를 가로지르는 교량이 건설된 산악지대이다.

고대도로는 수레 이동을 목적으로 설계되어, 경사를 오르내리는 힘이 약한 수레의 특성상 '之'자 형태로 경사면을 따라 오르락내리락하는 구조를 가진다.

따라서 산악지대 고대도로의 실제 거리는 직선 거리의 수십 배에 이를 수 있다.

반면, 자동차 이동을 목적으로 설계된 현대도로는 터널이나 교량을 통해 산악 지형을 횡단하며, 동일 구간의 직선거리와 큰 차이가 없다.

터널이나 교량이 없는 구간도, 현대도로는 고대도로보다 곡선율이 훨씬 낮다.

게다가 현대도로는 자동차의 원활한 주행을 위해 시멘트나 아스팔트로 평탄하게 포장되고, 도로의 높낮이를 최소화하며, 최대한 직선화되어 도로 길이를 줄인다.

따라서 산악지대에서 현대도로의 길이는 고대도로에 비해 획기적으로 단축될 수밖에 없다.

이러한 관점에서 다시 생각해보니, 산악지대의 특성과 토목기술의 발전을 감안할 때, 2,000년 전 고대도로의 길이를 53.6%나 단축시켰다는 데이터도 충분히 이해할 수 있었다.

[고대도로 단축률 연구 6]

후한서군국지(後漢書郡國志)에 의하면 요동군(遼東郡) 치소는 양평현(襄平縣)이며, 낙양(洛陽) 동북 3,600리(里)이다.

따라서 현(現) 한위낙양고성(漢魏洛陽故城)에서 요동군(遼東郡) 치소 양평현(襄平縣)까지 고대도로의 길이는 1,493.0km〈3,600×414.72m〉이다.

한중일학계(韓中日學界)의 통설(通說)에 의하면 양평현(襄平縣)은 현(現) 요양시(遼陽市)로 승계되었다.

구글맵(Google Map)에 의하면 현(現) 한위낙양고성(漢魏洛陽故城)과 현(現) 요양시(遼陽市) 간 구글(Google) 최단거리도로(最短距離道路)의 길이는 1,430km이다.

'현(現) 한위낙양고성(漢魏洛陽故城)과 한(漢) 양평현(襄平縣) 간 2,000년 전 고대도로의 길이를 4.2% 단축시켰다'는 결과가 도출되었다.

그러나 제(第) 2절(節) 고대도로 단축률 연구 2 에 의하면, 비록 비정이 잘못되었음에도 불구하고, 현(現) 한위낙양고성(漢魏洛陽故城)과 요서군(遼西郡) 간 2,000년 전 고대도로의 길이는 25.4% 단축되었음을 알 수 있었다.

이는 요서군(遼西郡)까지의 고대도로가 이미 25.4% 이상 단축되었음을 의미하며, 해당 도로를 따라 추가로 300리(里)를 더 이동한 곳이 요동군(遼東郡) 치소인 양평현(襄平縣)이다.

따라서 '현(現) 한위낙양고성(漢魏洛陽故城)과 한(漢) 양평현(襄平縣) 간 2,000년 전 고대도로의 길이가 단지 4.2% 단축되었다'는 연구 결과는 물리적으로 불가능하다.

또한 구글맵(Google Map)에 나타난 현(現) 한위낙양고성(漢魏洛陽故城)과 현(現) 요양시(遼陽市) 간 구글(Google) 최단거리도로(最短距離道路)는 하북평원(河北平原)을 가로질러 현(現) 천진시(天津市)를 통과하고 있다.

고대에는 습지 또는 바다였던 지역이 육지로 변해 도로가 놓인 사례가 있으며, 고중국(古中國)의 하북평원(河北平原)과 천진시(天津市) 남부가 대표적인 예이다.

이러한 경우, 고대도로의 길이는 상당히 단축된다.

여러 변수(變數)들을 감안하면 현(現) 한위낙양고성(漢魏洛陽故城)에서 현(現) 난하(灤河) 방향으로는 단축률이 30% 이상이어야 납득이 가능한 결과이다.

정리하면, '한(漢) 양평현(襄平縣)은 현(現) 요양시(遼陽市)에 위치했다'는 명제를 '고대도로 단축률 연구'에서 대입한 결과, '현(現) 한위낙양고성(漢魏洛陽故城)과 한(漢) 양평현(襄平縣) 간 2,000년 전 고대도로가 현대도로로 바뀌면서 4.2% 단축되었다'는 결과는 불가능하기 때문에 명제는 거짓이다.

따라서 한(漢) 양평현(襄平縣)이 현(現) 요양시(遼陽市)에 위치했을 가능성은 수학적으로 불가능하다.

> **학설 240)**
> '한(漢) 양평현(襄平縣)은 현(現) 요양시(遼陽市)에 위치했다'는 명제를 '고대도로 단축률 연구'에서 대입한 결과, '현(現) 한위낙양고성(漢魏洛陽故城)과 한(漢) 양평현(襄平縣) 간 2,000년 전 고대도로가 현대도로로 바뀌면서 4.2% 단축되었다'는 결과는 불가능하기 때문에 명제는 거짓이다.
> 한(漢) 양평현(襄平縣)이 현(現) 요양시(遼陽市)에 위치했을 가능성은 수학적으로 불가능하다.

第 4 節
임둔군(臨屯郡)과 진번군(眞番郡)의 위치 연구

BC 82년, 낙랑조선(樂浪朝鮮) 멸망 후 26년 뒤, 임둔군(臨屯郡)과 진번군(眞番郡)은 폐군되었다.

따라서 후한서군국지(後漢書郡國志)에는 임둔군(臨屯郡)과 진번군(眞番郡)의 거리 기록이 존재하지 않는다.

그러나 다행히도, 한서(漢書) 무제기(武帝紀) 원봉(元封) 3년의 기록에, 신찬(臣瓚)이 인용한 무릉서(武陵書)를 통해 소중한 거리 기록이 전해진다.

1. 임둔군(臨屯郡) 치소 동이현(東暆縣)

무릉서(茂陵書)에 의하면 임둔군(臨屯郡)의 속현은 15개이며, 치소는 동이현(東暆縣)이다.

또한 '동이현(東暆縣)은 전한(前漢)의 수도인 장안(長安)에서 6,138리(里) 떨어진 지점에 위치한다'고 기록되어 있다.

이는 대략의 수치가 아닌 1리(里) 단위의 정밀한 거리 기록이다.

비교연구(比較研究)를 위해 기점(起點)을 장안(長安)에서 현(現) 한위낙양고성(漢魏洛陽故城)으로 바꾸어 보자.

후한서군국지(後漢書郡國志)에 기록된 장안(長安)과 한위낙양고성(漢魏洛陽故城) 간 거리인 950리(里)를 차감하면 임둔군(臨屯郡) 치소 동이현(東暆縣)은 현(現) 한위낙양고성(漢魏洛陽故城)에서 5,188리(里) 지점에 위치한다.

6,138리(里)의 여정에서 낙양(洛陽)을 거쳐 갔는지 확인할 방법은 없다.

하지만 설령 낙양(洛陽)을 거쳐가는 여정이 아니라 하더라도, 그 오차는 연구 결과를 뒤집을 만한 변수(變數)는 되지 않는다.

본 연구자는 한(漢)이 낙랑조선(樂浪朝鮮)을 멸망시킨 후 설치한 임둔군(臨屯郡)을 현(現) 요하(遼河) 하류 유역으로 비정했다.

이에 따라 임둔군(臨屯郡) 치소 동이현(東暆縣)을 현(現) 요양시(遼陽市)로 가정하고 수학적 검증을 하고자 하며, 이는 오차를 최소화할 수 있는 기준점으로 적절하다고 판단했기 때문이다.

동이현(東暆縣)은 한위낙양고성(漢魏洛陽故城) 동북 5,188리(里)이다.

따라서 현(現) 한위낙양고성(漢魏洛陽故城)에서 동이현(東暆縣)까지 고대도로의 길이는 2,151.6km〈5,188×414.72m〉이다.

구글맵(Google Map)에 의하면 현(現) 한위낙양고성(漢魏洛陽故城)과 현(現) 요양시(遼陽市) 간 구글(Google) 최단거리도로(最短距離道路)의 길이는 1,430km이다.

임둔군(臨屯郡) 치소 동이현(東暆縣)이 현(現) 요양시(遼陽市)라면 현(現) 한위낙양고성(漢魏洛陽故城)과 동이현(東暆縣) 간 2,000년 전 고대도로의 길이를 33.5% 단축시켰다는 결과가 나왔다.

'후한(後漢) 기준척(基準尺)으로 한위낙양고성(漢魏洛陽故城) 동북 5,188리(里) 지점에 위치한 동이현(東暆縣)은 현(現) 요하(遼河) 하류 유역에 위치했다'는 비정은 수학적으로 가능하다는 사실을 알 수 있다.

> **학설 241)**
> '후한(後漢) 기준척(基準尺)으로 한위낙양고성(漢魏洛陽故城) 동북 5,188리(里) 지점에 위치한 임둔군(臨屯郡) 치소 동이현(東暆縣)은 현(現) 요하(遼河) 하류 유역에 위치했다'는 비정은 수학적으로 가능하다.

2. 진번군(眞番郡) 치소 잡현(霅縣)

무릉서(茂陵書)에 의하면 진번군(眞番郡)의 속현은 15개이며, 치소는 잡현(霅縣)이다.

또한 잡현(霅縣)은 한(漢)의 수도였던 장안(長安)에서 7,640리(里) 떨어진 지점에 위치한다고 기록되어 있다.

후한서군국지(後漢書郡國志)에 기록된 장안(長安)과 한위낙양고성(漢魏洛陽故城) 간 거리인 950리(里)를 차감하면 진번군(眞番郡) 치소 잡현(霅縣)은 현(現) 한위낙양고성(漢魏洛陽故城)에서 6,690리(里) 지점에 위치한다.

이는 임둔군(臨屯郡)의 치소보다 한위낙양고성(漢魏洛陽故城)에서 1,502리(里) 더 먼 거리이다.

본 연구자는 한(漢)이 낙랑조선(樂浪朝鮮)을 멸망시킨 후 설치한 진번군(眞番郡)을 한반도 북부 지역으로 비정했다.

이에 따라 진번군(眞番郡) 치소 잡현(霅縣)을 대동강평양(大同江平壤)으로 가정하고 수학적 검증을 하고자 한다.

잡현(霅縣)은 한위낙양고성(漢魏洛陽故城) 동북 6,690리(里)이다.

따라서 현(現) 한위낙양고성(漢魏洛陽故城)에서 잡현(霅縣)까지 고대도로의 길이는 2,774.5km〈6,690×414.72m〉이다.

현(現) 한위낙양고성(漢魏洛陽故城)과 대동강평양(大同江平壤) 간 최단거리도로(最短距離道路)의 길이는 1,820km이다.

'구글맵(Google Map)에 의하면'이란 단서를 사용하지 않은 이유는, 데이터 1,820km가 구글맵이 제공한 수치가 아니라, 본 연구자가 기준점이 서로 다른 2개의 거리를 인위적으로 합산한 값이기 때문이다.

본 연구자가 제시한 1,820km는 현(現) 한위낙양고성(漢魏洛陽故城)과 단동시(丹東市) 간 구글(Google) 최단거리도로(最短距離道路)의 길이 1,597km에, 신의주시(新義州市)와 대동강평양(大同江平壤) 간 구글(Google) 최단거리도로(最短距離道路)의 길이 223km를 합산한 수치이다.

이는 구글맵(Google Map)이 현(現) 한위낙양고성(漢魏洛陽故城)과 대동강평양(大同江平壤) 간 구글(Google) 최단거리도로(最短距離道路)에 관한 정보를 제공하지 않기 때문에, 중국과 북한 구간에서 각각 측정 가능한 거리 데이터를 기반으로 인위적으로 산출한 수치인 것이다.

중국과 북한 내에서는 각각 최단거리도로(最短距離道路)의 길이를 측정할 수 있었으나, 국경을 넘는 연속된 도로 거리 정보는 제공되지 않아, 별도로 합산하는 방식이 차선책이었다.

따라서 연구에 활용하는 데에는 문제가 없으나, 일정 수준의 오차가 존재함을 전제해야 한다.

이와 같은 조건에서 진번군(眞番郡) 치소 잡현(霅縣)을 대동강평양(大同江平壤)으로 비정할 경우, 현(現) 한위낙양고성(漢魏洛陽故城)과 잡현(霅縣) 간 2,000년 전 고대도로의 길이를 34.4% 단축시켰다는 결과가 나왔다.

'후한(後漢) 기준척(基準尺)으로 한위낙양고성(漢魏洛陽故城) 동북 6,690리(里) 지점에 위치한 잡현(霅縣)은 한반도 북부 지역에 위치했다'는 비정은 수학적으로 가능하다는 사실을 알 수 있다.

> **학설 242)**
> '후한(後漢) 기준척(基準尺)으로 한위낙양고성(漢魏洛陽故城) 동북 6,690리(里) 지점에 위치한 진번군(眞番郡) 치소 잡현(霅縣)은 한반도 북부 지역에 위치했다'는 비정은 수학적으로 가능하다.

第5節
후한서군국지(後漢書郡國志)와 무릉서(茂陵書)의 연구 결과

본 연구의 목적은 다음과 같다.

- '한(漢) 양평현(襄平縣)은 현(現) 난하(灤河) 동쪽에 접해 있다'는 본 연구자의 주장이 수학적으로 가능한지 여부를 검증한다.

- '현(現) 요양시(遼陽市)가 한(漢) 양평현(襄平縣)을 승계했다'는 한중일학계(韓中日學界)의 통설(通說)이 수학적으로 가능한지 여부를 검증한다.

- '한(漢)이 고조선(古朝鮮)의 영토 내에 설치한 임둔군(臨屯郡)과 진번군(眞番郡)의 위치는 각각 현(現) 요하(遼河)의 하류 유역과 한반도 북부 지역'이라는 본 연구자의 주장이 수학적으로 가능한지 여부를 검증한다.

사서(史書)의 거리 기록과 구글맵(Google Map)을 활용한 '**비교연구(比較研究)**' 및 '**고대도로 단축률 연구**'를 통해 다음과 같은 결론에 도달했다.

1. 낙양(洛陽) 동북 3,200리(里) 지점의 상곡군(上谷郡) 치소 및 낙양(洛陽) 동북 3,300리(里) 지점의 요서군(遼西郡) 치소와 수학적으로 비교해볼 때 낙양(洛陽) 동북 3,600리(里) 지점에 위치한 요동군(遼東郡) 치소는 현(現) 하북성(河北省)을 벗어날 수 없다.

2. 현(現) 한위낙양고성(漢魏洛陽故城)에서 후한(後漢) 기준척(基準尺)으로 3,600리(里) 거리에 위치한 역사지명이 현(現) 요양시(遼陽市)에 이르는 것은 수학적으로 불가능하다.

   적어도 낙양(洛陽) 동북 5,000리(里)는 되어야 31.0%의 단축률을 감안한 수학적 타당성이 확보된다.

3. 낙양(洛陽) 동북 3,600리(里)에 불과한 양평현(襄平縣)이 현(現) 요양시(遼陽市)로 승계되었다는 통설(通說)과 양평현(襄平縣) 서쪽에서 흐르는 대요수(大遼水)가 현(現) 요하(遼河)라는 비정은 모두 정사서(正史書)의 거리 기록을 감안하지 않은 잘못된 결론이다.

4. '후한(後漢) 기준척(基準尺)으로 한위낙양고성(漢魏洛陽故城) 동북 5,188리(里) 지점의 임둔군(臨屯郡) 치소 동이현(東暆縣)은 현(現) 요하(遼河)의 하류 유역에 위치했다'는 비정은 수학적으로 가능하다.

5. '후한(後漢) 기준척(基準尺)으로 한위낙양고성(漢魏洛陽故城) 동북 6,690리(里) 지점의 진번군(眞番郡) 치소 잡현(霅縣)은 한반도 북부 지역에 위치했다'는 비정은 수학적으로 가능하다.

참고문헌

후한서(後漢書) 〈범엽(范曄)〉

한서(漢書) 〈반고(班固)〉

중국역사지명대사전(中國歷史地名大辭典, 鹽英哲, 凌雲書房, 1980)

구글맵(Google Map, https://www.google.co.kr)

동북아고대사정립(東北亞古代史正立) 1 〈김석주(金錫柱)〉

동북아고대사정립(東北亞古代史正立) 2 〈김석주(金錫柱)〉

동북아고대사정립(東北亞古代史正立) 3 〈김석주(金錫柱)〉

第19章

논문(論文)
당(唐) 평주(平州) 노룡현(盧龍縣)의 위치 연구

당(唐) 평주(平州) 노룡현(盧龍縣)의 위치 연구

본 연구의 목적은 '현(現) 난하(灤河) 동쪽 진황도시(秦皇島市)에 위치한 노룡현(盧龍縣)은 당(唐) 평주(平州) 노룡현(盧龍縣)을 승계했다'는 한중일학계(韓中日學界)의 통설(通說)이 수학적으로 가능한지 여부를 구당서지리지(舊唐書地理志)의 거리 기록 연구를 통해 검증하는 데 있다.

당(唐) 평주(平州) 노룡현(盧龍縣)의 위치가 중요한 이유는 유수(濡水)가 흐르던 현(縣)이기 때문이다.

한중일학계(韓中日學界)는 유수(濡水)를 현(現) 난하(灤河)로 비정해 왔으나, 본 연구자는 유수(濡水)를 현(現) 조백하(潮白河)로 비정했다.

유수(濡水)가 현(現) 난하(灤河)라면, 대요수(大遼水)는 현(現) 요하(遼河)로 비정될 수밖에 없다.

현(現) 난하(灤河) 동쪽에 대요수(大遼水)로 비정이 가능한 대하천은 현(現) 요하(遼河)가 유일하기 때문이다.

한중일학계(韓中日學界)는 대요수(大遼水)를 현(現) 요하(遼河)로 비정했으나, 본 연구자는 대요수(大遼水)를 현(現) 난하(灤河)로 비정했다.

결론적으로, 당(唐) 평주(平州) 노룡현(盧龍縣)의 위치를 알 수 있다면, 유수(濡水)의 위치와 함께 대요수(大遼水)가 현(現) 난하(灤河)와 요하(遼河) 중 어느 하천과 동일한지 알 수 있게 된다.

구당서지리지(舊唐書地理志)에서 경사(京師)는 현(現) 섬서성(陝西省) 서안성(西安城)이며, 동도(東都)는 현(現) 하남성(河南省)의 낙양성(洛陽城)이다.

연구의 편의를 위해 경사(京師)를 현(現) 서안성(西安城)이라 칭하고, 동도(東都)를 현(現) 낙양성(洛陽城)이라 칭한다.

第1節
연구 범위 및 구성

　구당서지리지(舊唐書地理志)에는 현(現) 서안성(西安城)과 부(府)·주(州) 사이의 거리가 기록되어 있다.

　이와 함께, 현(現) 낙양성(洛陽城)과 부(府)·주(州) 사이의 거리도 기록되어 있다.

　중국역사지명대사전(中國歷史地名大辭典)에 의하면 당(唐) 1리(里)의 거리는 559.8m이다.

　따라서 본 연구에서는 구당서지리지(舊唐書地理志)에 기록된 1리(里)를 559.8m로 정하여 활용하고자 한다.

　'고중국(古中國)의 사서(史書)에 기록된 거리는 '도리(道里)'로, 이는 수레가 지나갈 수 있는 정상적인 도로의 길이, 즉 수레의 바퀴 회전수를 활용하여 기점(起點)과 종점(終點) 간 고대도로의 길이를 측량한 결과물이다.

　현대에도 자동차의 바퀴 회전수를 활용하여 도로의 길이를 측량하며, 수레와 자동차라는 차이만 있을 뿐, 바퀴 회전수를 통해 도로의 길이를 측량한다는 점은 같다.

　현대의 최단거리도로(最短距離道路)와 고대도로의 차이점을 분석하고, 이에 상응하는 적절한 가중치를 변수(變數)로 설정하여 대입하면, 역사지명 연구에 활용될 수 있을 것이다.

　하지만 본 연구자는 그 '적절한 가중치'를 객관화할 수 있는 방법을 찾지 못했다.

　도로의 길이는 GPS로 측정하는 직선거리처럼 절대적인 값이 아니라, 지형과 도로의 개선에 따라 리수(里數)가 달라지는 상대적인 거리이기 때문이다.

이러한 이유로, 사서(史書)에 기록된 거리 기록을 활용하여 역사지명을 비정하는 데에는 신중을 기해야 한다는 것이 본 연구자의 판단이다.

따라서 본 연구자는 오직 수학적으로 타당한지 여부만을 판단하고자 한다.

더불어 '시간이 흘러 도로가 개선되며 발생하는 오차를 애초에 배제하기 위해, 동시대의 기록만을 사용하여 연구하겠다'는 원칙을 세웠기에, 본 연구에서는 다른 시대의 거리 기록을 활용하지 않을 것이다.'[출처: 동북아고대사정립(東北亞古代史正立) 4, P. 94].

다만, 당(唐) 시기의 낙양성(洛陽城)과 계성(薊城) 간 고대도로의 길이가 다른 시기에는 어떠했는지 비교연구(比較研究)를 위해 후한서군국지(後漢書郡國志)의 거리 기록을 활용할 것이다.

한중일학계(韓中日學界)의 통설(通說)과 다른 내용을 언급하면서도 근거를 생략한 글은 모두 동북아고대사정립(東北亞古代史正立) 1 ~ 3에서 본 연구자가 충분히 논증한 내용임을 미리 밝힌다.

본 연구자의 주장이 한중일학계(韓中日學界)의 통설(通說)과 많이 다르다는 이유로 이미 논증한 내용의 근거를 모두 제시하면서 기술하면 논점이 흐려지기 때문이다.

第 2 節
구당서지리지(舊唐書地理志)의 기록 연구

1. 규주(嬀州)와 평주(平州)의 비교연구(比較研究)

신당서지리지(新唐書地理志) 규주(嬀州) 규천군(嬀川郡) 편에 의하면 규주(嬀州) 치소는 거용새(居庸塞) 서북쪽 50리(里) 지점에 위치한다.

거용새(居庸塞)를 경계로 하여, 규주(嬀州)의 영토는 모두 그 서쪽에 위치했다.

수서지리지(隋書地理志)에 의하면 규주(媯州)의 치소에는 탁수(涿水)가 흐르고 있으며, 이 탁수(涿水)로 인해 규주(媯州)라는 행정명은 현(現) 영정하(永定河) 남쪽에 위치할 수밖에 없다.

이러한 이유로 규주(媯州)는 구당서지리지(舊唐書地理志)의 거리 기록 연구에 정확한 기준점이 된다.

구당서지리지(舊唐書地理志)에 의하면 규주(媯州)는 현(現) 서안성(西安城)까지 2,842리(里)이며, 평주(平州)는 현(現) 서안성(西安城)까지 2,650리(里)이다.

서안성(西安城)·규주(媯州)·평주(平州)를 선분으로 연결하면 삼각형이 형성된다.

이때 각 선분의 길이는 지형에 따라 달라져 삼각형 형태에 크게 영향을 미치지만, 이는 인간의 종합적 판단으로 충분히 보정할 수 있는 변수(變數)이다.

이러한 보정을 감안할 때, 규주(媯州) 치소보다 거리상으로 192리(里) 더 짧은 평주(平州) 치소는 현(現) 천진시(天津市) 내에 위치해야 가장 합리적이다.

그러나 한중일학계(韓中日學界)는 당(唐) 평주(平州) 노룡현(盧龍縣)을 현(現) 난하(灤河) 동쪽 진황도시(秦皇島市) 내에 위치한 현(現) 노룡현(盧龍縣)으로 비정했다.

하지만 규주(媯州)가 현(現) 북경시(北京市) 중심지 서쪽에 위치한다는 사실이 명백한 이상, 현(現) 서안성(西安城) 동북 2,650리(里) 지점의 당(唐) 평주(平州) 노룡현(盧龍縣)이 현(現) 난하(灤河) 동쪽에 위치할 가능성은 없다.

이러한 역사적 사실을 파악하는 것은 그리 어려운 일이 아니다.

정사서(正史書)의 거리 기록을 이용해 비교연구(比較研究)를 하면 된다.

그럼에도 불구하고, 오직 산수(算數)만을 활용한 정사서(正史書)의 거리 기록 연구 결과마저 별다른 이유 없이 '인정할 수 없다'며 외면하는 학자가 있다면, 그는 더 이상 역사적 사실을 탐구하는 역사학자가 아니라 단지 통설(通說)을 암기한 사람일 뿐이다.

2. 행정명이 동북으로 이동하지 않은 탁주(涿州)

명장성(明長城) 축성 후, 고중국(古中國)의 내지가 동북쪽으로 확장되면서 당장성(唐長城) 내 행정명들도 자연스럽게 동북쪽으로 이동했다.

그럼에도 불구하고 자리를 지킨 행정명들이 있는데, 그 중 대표적인 예가 바로 탁주(涿州)이다.

탁수(涿水)는 현(現) 보정시(保定市)에서 흐르는 하천임이 너무나도 명백하기 때문에, 탁주(涿州)라는 행정명 또한 이동할 수 없었던 것이다.

동북아고대사정립 3의 학설 177 에 의하면

> 수(隋) 시기, 탁현(涿縣)이라는 행정명이 동북쪽으로 이동하여 현(現) 탁주시(涿州市)에 안착했다.
> 더불어 한(漢) 우북평군(右北平郡) 및 진(晉) 북평군(北平郡) 속현이었던 토은현(土垠縣)은 계현(薊縣)으로 개칭되었다.

탁주(涿州)는 현(現) 북경시(北京市) 서남쪽 탁주시(涿州市)로 승계되었다.

3. 탁수(涿水) 유역에 위치한 규주(嬀州)와 탁주(涿州)

현(現) 북경시(北京市) 서남쪽에 접해 있는 탁주시(涿州市)를 기준으로 서북쪽에 규주(嬀州)가 위치한다.

수서지리지(隋書地理志)에 의하면 규주(嬀州) 치소에는 탁수(涿水)가 흐르고 있다.

탁주시(涿州市) 서북쪽은 험난한 산악지대로, 탁수(涿水)의 상류 유역이며, 탁수(涿水)가 동남쪽으로 흘러 탁주시(涿州市)를 통과한다.

탁주(涿州)는 탁수(涿水)의 중류 유역에 위치하며, 탁수(涿水)가 상류 유역의 계곡을 빠져나온 후 만나는 평탄지에 위치하고 있다.

구당서지리지(舊唐書地理志)에 의하면 규주(嬀州)는 현(現) 서안성(西安城)까지 2,842리(里)이며, 탁주(涿州)는 현(現) 서안성(西安城)까지 2,400리(里)이다.

현(現) 서안성(西安城)은 규주(嬀州)와 탁주(涿州)의 서남쪽에 위치하므로, 규주(嬀州)보다 거리상으로 442리(里) 짧은 탁주(涿州)는 규주(嬀州) 동남쪽에 위치했다고 보는 것이 합리적이다.

또한, 이 거리 차이는 규주(嬀州)가 험난한 산악지대에 위치한 데 따른 것으로, 당시 현(現) 서안성(西安城)에서 계성(薊城)에 이르는 가장 빠른 여정은 탁주(涿州)를 경유하는 경로였음을 수학적으로도 확인할 수 있다.

한편, 구당서지리지(舊唐書地理志)에 의하면 현(現) 서안성(西安城)에서 탁주(涿州)까지는 2,400리(里)이며, 평주(平州)까지는 2,650리(里)이다.

서안성(西安城)에서 탁주(涿州)를 거쳐 평주(平州)로 이동했다고 보는 것이 합리적이며, 이 경우 탁주(涿州) 치소와 평주(平州) 치소 간 거리는 250리(里)이다.

또한, 구당서지리지(舊唐書地理志)에 의하면 현(現) 낙양성(洛陽城)에서 탁주(涿州)까지는 1,480리(里)이다.

따라서 현(現) 낙양성(洛陽城)에서 탁주(涿州)를 거쳐 평주(平州) 치소까지 이동하는 여정은 총 1,730리(里)〈1,480리 + 250리〉이다.

이로부터 당(唐) 시기 탁주(涿州)를 거쳐가는 1,730리(里) 여정이 현(現) 낙양성(洛陽城)과 평주(平州) 간 가장 빠른 여정이었음을 알 수 있다.

> **학설 243)**
> 당(唐) 시기, 탁주(涿州) 치소와 평주(平州) 치소 간 거리는 250리(里)이다.
> 탁주(涿州)를 거쳐가는 1,730리(里) 여정이 현(現) 낙양성(洛陽城)과 평주(平州) 간 가장 빠른 여정이었다.

구당서지리지(舊唐書地理志)에 의하면 현(現) 낙양성(洛陽城)과 평주(平州) 간 거리는 1,900리(里)이다.

이는 학설 243) 에서 제기된 1,730리(里) 여정보다 170리(里) 더 길기 때문에, 현(現) 낙양성(洛陽城)과 당(唐) 평주(平州) 간 1,900리(里) 여정은 탁주(涿州)를 거쳐가는 여정과는 다르다.

탁주(涿州)를 거쳐가는 여정이 아니라면, 이 1,900리(里) 여정은 현(現) 하북평원(河北平原)을 가로지르는 여정일 수밖에 없다.

당(唐) 시기, 현(現) 낙양성(洛陽城)에서 하북평원(河北平原)을 가로질러 평주(平州)에 이르는 고대도로의 길이는, 탁주(涿州)를 거쳐 평주(平州)에 이르는 고대도로의 길이보다 170리(里) 더 길었던 것이다.

그렇다면 이 1,900리(里) 여정이 170리(里) 더 길었던 이유는 무엇일까?

그것은 현(現) 낙양성(洛陽城)에서 평주(平州)까지, 하북평원(河北平原)을 가로지르며 수레가 지나갈 수 있는 도로의 굴곡이 더 심했기 때문이다.

한편, 탁수(涿水)가 입해(入海)한 탁주(涿州) 동남쪽 지역은 바다와 같은 늪지대였는데, 황하(黃河)가 원인이었다.

황하(黃河)는 한(漢) 시기부터 당(唐) 시기까지 대체적으로 하북평원(河北平原)으로 흘렀는데, 하북평원에서 유속(流速)이 느려지면서 여러 갈래로 갈라져 흘렀기에 9개의 하(河)라는 뜻으로 구하(九河)라 칭했음은 역사적 상식이다.

구하(九河)의 입해처(入海处)는 현(現) 황하(黃河)의 입해처보다 북쪽에 위치한 현(現) 천진시(天津市) 남부 지역이었으며, 이 지역은 당시 바다였다.

곳곳이 늪지대였던 화북평원(华北平原)을 가로지르는 여정이 더 멀었기에, 주요 도로는 화북평원(华北平原) 서쪽에 놓여 있었다.

물론 지금은 현(現) 낙양성(洛陽城)에서 하북평원(河北平原)을 가로질러 현(現) 천진시(天津市)에 이르는 도로의 길이가, 현(現) 탁주시(涿州市)를 거쳐 천진시(天津市)에 이르는 도로의 길이보다 더 짧다.

> **학설 244)**
> 당(唐) 시기, 현(現) 낙양성(洛陽城)에서 하북평원(河北平原)을 가로질러 평주(平州)에 이르는 고대도로의 길이는 현(現) 낙양성(洛陽城)에서 탁주(涿州)를 거쳐 평주(平州)에 이르는 고대도로의 길이보다 170리(里) 더 길었다.

4. 계성(薊城)에 이르는 여정에 포함되는 탁주(涿州)

구당서지리지(舊唐書地理志)에 의하면 현(現) 서안성(西安城)에서 출발하여 탁주(涿州)까지는 2,400리(里)이며, 유주(幽州) 계성(薊城)까지는 2,520리(里)이다.

즉, 계성(薊城)까지 거리가 120리(里) 더 멀다.

마찬가지로, 현(現) 낙양성(洛陽城)에서 출발하여 탁주(涿州)까지는 1,480리(里)이며, 유주(幽州) 계성(薊城)까지는 1,600리(里)이다.

계성(薊城)까지의 거리가 120리(里) 더 멀다.

기점(起點)이 다름에도 불구하고 두 여정 모두 계성(薊城)까지의 거리가 정확히 120리(里) 더 멀다는 것은, 두 여정에 탁주(涿州)가 포함되어 있으며, 탁주(涿州)와 계성(薊城) 간 거리가 120리(里)임을 의미한다.

또한 이처럼 두 여정에 모두 탁주(涿州)가 포함된다는 사실은, 탁주(涿州)가 당시 이동 거리를 단축시키는 교통의 요충지였음을 시사한다.

당(唐) 시기, 현(現) 서안성(西安城)과 낙양성(洛陽城)에서 계성(薊城)에 이르는 가장 빠른 여정은 두 경우 모두 탁주(涿州)를 경유하는 여정이었다.

> 학설 245)
> 당(唐) 시기, 현(現) 서안성(西安城)과 낙양성(洛陽城)에서 계성(薊城)에 이르는 가장 빠른 여정은 두 경우 모두 탁주(涿州)를 경유했다.
> 당(唐) 시기, 탁주(涿州)와 계성(薊城) 간 거리는 120리(里)였다.

5. 우북평성(右北平城)을 승계한 계성(薊城)

동북아고대사정립 3의 학설 188) 에 의하면

> 진(晉) 시기, 우북평군(右北平郡)과 우북평성(右北平城)이라는 행정명은 역사속으로 사라졌으며, 각각 북평군(北平郡)과 북평성(北平城)으로 개칭되었다.
> 진(晉) 북평군(北平郡) 치소 북평성(北平城)은 후한(後漢) 기준척(基準尺)으로 낙양(洛陽) 동북 2,300리(里) 지점에 위치한다.

후한(後漢) 우북평성(右北平城)은 진(晉)이 후한(後漢) 우북평군(右北平郡)을 북평군(北平郡)으로 개칭하면서 함께 북평성(北平城)으로 개칭되었다.

동북아고대사정립 3의 학설 193) 에 의하면

> 수(隋) 시기, 현(現) 북경시(北京市) 자금성(紫禁城) 남쪽 174리(里) 지점에 위치한 토은현(土垠縣) 북평성(北平城)은 계성(薊城)으로 개칭되었다.

북평성(北平城)으로 개칭된 우북평군(右北平郡) 토은현(土垠縣) 우북평성(右北平城)은 수(隋) 시기에 이르러 다시 계성(薊城)으로 개칭되었다.

따라서 구당서지리지(舊唐書地理志)의 낙양(洛陽)에서 1,600리(里) 지점에 위치한 계성(薊城)은, 후한서군국지(後漢書郡國志)의 낙양(洛陽)에서 2,300리(里) 지점에 위치한 우북평군(右北平郡) 치소 우북평성(右北平城)을 승계한 성(城)이다.

> **학설 246)**
>
> 구당서지리지(舊唐書地理志)의 낙양(洛陽)에서 1,600리(里) 지점에 위치한 계성(薊城)은, 후한서군국지(後漢書郡國志)의 낙양(洛陽)에서 2,300리(里) 지점에 위치한 우북평군(右北平郡) 치소 우북평성(右北平城)을 승계한 성(城)이다.

후한서군국지(後漢書郡國志)에 기록된 낙양(洛陽)은 당(唐) 시기의 낙양(洛陽)인 현(現) 낙양성(洛陽城)이 아니라, 현(現) 한위낙양고성(漢魏洛陽故城)이다.

중국역사지명대사전(中國歷史地名大辭典)에 의하면 후한(後漢) 시기 1리(里)의 거리는 414.72m이다.

따라서 현(現) 한위낙양고성(漢魏洛陽故城)과 후한(後漢) 우북평성(右北平城) 간 고대도로의 길이는 953.9km〈2,300×414.72m〉이다.

여기에 한위낙양고성(漢魏洛陽故城)에서 서남쪽 낙양성(洛陽城)까지의 도로 길이를 더하면, 현(現) 낙양성(洛陽城)과 후한(後漢) 우북평성(右北平城) 간 2,000년 전 고대도로의 길이가 된다.

구글맵(Google Map)에 의하면 현(現) 한위낙양고성(漢魏洛陽故城)과 현(現) 낙양성(洛陽城) 간 구글(Google) 최단거리도로(最短距離道路)의 길이는 24.3km이다.

따라서 현(現) 낙양성(洛陽城)과 후한(後漢) 우북평성(右北平城) 간 2,000년 전 고대도로의 길이는 978.2km〈953.9km + 24.3km〉이다.

978.2km 중 24.3km는 현대도로에 해당하므로 오차가 발생하지만, 황제의 도성 주변 도로는 현대도로와 큰 차이가 없고, 이러한 오차는 본 연구 결과에 영향을 미치지 않는다.

이제 구당서지리지(舊唐書地理志)에 기록된, 1,200년 전 현(現) 낙양성(洛陽城)과 후한(後漢) 우북평성(右北平城) 간 고대도로의 길이도 환산해 보자.

중국역사지명대사전(中國歷史地名大辭典)에 의하면 당(唐) 1리(里)의 거리는 559.8m 이다.

따라서 현(現) 낙양성(洛陽城)과 계성(薊城) 간 1,200년 전 고대도로의 길이는 895.7km〈1,600×559.8m〉이다.

동북아고대사정립 3의 학설 179) 에 의하면

> 동북쪽으로 이동해 온 두 번째 계성(薊城)인 수(隋)·당(唐) 시기의 계성(薊城)은 현(現) 북경시(北京市) 대흥구(大興區) 내에 위치했다.

우북평성(右北平城), 즉 두 번째 계성(薊城)의 기준점은 현(現) 북경시(北京市) 대흥구(大興區)이다.

구글맵(Google Map)에 의하면 현(現) 낙양성(洛陽城)과 북경시(北京市) 대흥구(大興區) 간 구글(Google) 최단거리도로(最短距離道路)의 길이는 782km이다.

현(現) 낙양성(洛陽城)에서 후한(後漢) 우북평군(右北平郡) 우북평성(右北平城)에 이르는 도로의 길이는, 2,000년 전에는 978.2km, 1,200년 전에는 895.7km였으며, 현재는 782km임을 알 수 있다.

> 학설 247)
> 현(現) 낙양성(洛陽城)에서 후한(後漢) 우북평군(右北平郡) 우북평성(右北平城)에 이르는 도로의 길이는, 2,000년 전에는 978.2km, 1,200년 전에는 895.7km였으며, 현재는 782km이다.

후한(後漢) 우북평군(右北平郡) 우북평성(右北平城)을 승계한 당(唐) 유주(幽州)의 치소 계성(薊城)은 현(現) 북경시(北京市) 남부 지역에 위치하며, 당(唐) 유주(幽州) 동쪽에 접해 있는 평주(平州)는 유수(濡水)가 흐르던 후한(後漢) 요서군(遼西郡)을 그대로 승계했다.

사기(史記) 권7 항우본기(項羽本紀)에 의하면

> BC 206년, 항우(項羽)는 훗날 황제(皇帝)가 되는 유방(劉邦)을 한왕(漢王)으로 봉하는 등 제후국(諸侯國)들의 왕(王)을 봉했는데, 한광(韓廣)이 통치하고 있었던 연국(燕國)을 나누어 연국(燕國)과 요동국(遼東國)을 두었다.
> 항우(項羽)는 장도(臧荼)를 연국(燕國)의 연왕(燕王)으로 봉하여 계(薊)에 도읍하게 했으며, 본래 연국(燕國)의 연왕(燕王)이었던 한광(韓廣)을 요동국(遼東國)의 요동왕(遼東王)으로 봉했다.

진(秦) 왕조(王朝)를 멸망시킨 항우(項羽)는 장도(臧荼)를 연국(燕國)의 연왕(燕王)으로 봉하고자, 당시 한광(韓廣)이 통치하던 연국(燕國)을 나누어 연국(燕國)과 요동국(遼東國)을 두었는데, 요동국(遼東國)의 영토는 훗날 우북평군(右北平郡)고· 요서군(遼西郡)의 영토로 나누어졌다.

요동국(遼東國)의 수도는 우북평군(右北平郡) 무종성(無終城)이며, 요동국(遼東國)의 동부 지역은 고조선(古朝鮮) 멸망 이후 요서군(遼西郡)의 서부 지역이 되었다.

수경주(水經注)에 인용된 위토지기(魏土地記)에 의하면 무종성(無終城)은 후한(後漢) 기준척(基準尺)으로 후한(後漢) 우북평군(右北平郡) 우북평성(右北平城) 서북쪽 130리(里) 지점에 위치한다.

따라서, 요동국(遼東國)의 수도 무종성(無終城)의 위치는 현(現) 북경시(北京市) 서남부에 해당한다.

> **학설 248)**
> 진(秦) 왕조(王朝)를 멸망시킨 항우(項羽)가 설치한 요동국(遼東國)의 수도 무종성(無終城)은, 후한(後漢) 기준척(基準尺)으로 후한(後漢) 우북평군(右北平郡) 우북평성(右北平城)에서 서북쪽으로 130리(里) 떨어진 지점에 위치하며, 현(現) 북경시(北京市) 서남부에 해당한다.

6. 탁주(涿州)에서 동쪽으로 250리(里) 지점에 위치한 평주(平州)

구당서지리지(舊唐書地理志)에 의하면 탁주(涿州)에서 동쪽으로 120리(里) 지점에 계성(薊城)이 위치한다.

동북아고대사정립 3의 학설 181) 에 의하면

> 수(隋)·당(唐) 시기의 두 번째 계성(薊城)은 현(現) 북경시(北京市) 자금성(紫禁城) 남쪽 174리(里) 지점에 위치한다.

탁주(涿州)에서 동쪽으로 120리(里) 지점에 위치한 두 번째 계성(薊城)을 기준으로, 북쪽 174리(里) 지점에 자금성(紫禁城)이 위치한다.

따라서 자금성(紫禁城)과 두 번째 계성(薊城)은 동일한 위치가 아니다.

그러므로 첫 번째 계성(薊城)과 두 번째 계성(薊城)이 모두 자금성(紫禁城)과 동일한 위치에 있었다는 한중일학계(韓中日學界)의 통설(通說)에 얽매이기보다는, 계성(薊城)을 기점으로 삼는 전제를 배제하는 것이 보다 합리적이다.

본 연구자는 누구나 납득할 수 있는 역사지명을 기점으로 삼는 것이 연구 결과의 신뢰성을 높일 수 있다고 판단하였다.

이에 탁주(涿州)를 기점으로 연구를 진행하고자 한다.

우북평성(右北平城)을 승계한 계성(薊城)을 기준으로 서쪽 120리(里) 지점에 위치한 탁주(涿州)는 현(現) 탁주시(涿州市)에 해당한다.

학설 243) 에 의하면

> 당(唐) 시기, 탁주(涿州) 치소와 평주(平州) 치소 간 거리는 250리(里)이다. 탁주(涿州)를 거쳐가는 1,730리(里) 여정이 현(現) 낙양성(洛陽城)과 평주(平州) 간 가장 빠른 여정이었다.

한중일학계(韓中日學界)의 통설(通說)에 의하면 당(唐) 평주(平州) 노룡현(盧龍縣)은 현(現) 난하(灤河) 동쪽 진황도시(秦皇島市) 내에 위치한 노룡현(盧龍縣)에 해당한다.

반면, 본 연구자는 당(唐) 평주(平州)의 치소가 현(現) 천진시(天津市) 내에 위치한다고 본다.

표(表)로 정리하여 [표 1]이라 칭하고 제(第) 3 절(節)에서 검증하고자 한다.

[표 1]

• 계성(薊城) 서쪽 120리(里) 지점에 위치한 탁주(涿州)는 현(現) 탁주시(涿州市)이다.	
• 구당서지리지(舊唐書地理志)에 의하면 탁주(涿州)와 평주(平州) 간 거리는 250리(里)이다.	
통설(通說)	당(唐) 평주(平州) 노룡현(盧龍縣)은 현(現) 난하(灤河) 동쪽 진황도시(秦皇島市) 노룡현(盧龍縣)이다.
본 연구자의 주장	당(唐) 평주(平州)의 치소는 현(現) 천진시(天津市) 내에 위치한다.

7. 계성(薊城)을 중심으로 살펴보는 구당서지리지(舊唐書地理志)

구당서지리지(舊唐書地理志)에 의하면

서안성(西安城)	규주(媯州)	탁주(涿州)	계성(薊城)	평주(平州)	영주(營州)
➡	2,842리(里)	2,400리(里)	2,520리(里)	2,650리(里)	3,589리(里)

현(現) 북경시(北京市) 내에 위치한 당(唐) 유주(幽州)의 치소 계성(薊城)을 중심으로, 구당서지리지(舊唐書地理志)의 거리 기록을 살펴보자.

계성(薊城)에서 서쪽으로 120리(里) 지점에 탁주(涿州) 치소가, 동쪽으로 130리(里) 지점에 평주(平州) 치소가 위치한다.

당장성(唐長城) 남쪽 내지에서 서로 접해 있는 주(州)의 치소 간 거리가 120리 ~ 130리(里)인 것은 적정한 거리이다.

따라서 탁주(涿州)와 평주(平州) 간 250리(里)는 합리적인 거리라 할 수 있다.

동북아고대사정립 3의 학설 177) 에 의하면

> 수(隋) 시기, 탁현(涿縣)이라는 행정명이 동북쪽으로 이동하여 현(現) 탁주시(涿州市)에 안착했다.
> 더불어 한(漢) 우북평군(右北平郡) 및 진(晉) 북평군(北平郡) 속현이었던 토은현(土垠縣)은 계현(薊縣)으로 개칭되었다.

1. 당(唐) 시기의 계성(薊城)은 토은현(土垠縣)을 승계한 계현(薊縣)의 치소이며, 토은현(土垠縣)은 현(現) 북경시(北京市) 남부 지역에 위치했다.

2. 계성(薊城) 서쪽에 위치한 탁주(涿州)는 현(現) 탁주시(涿州市)로 승계되었다.

3. 계성(薊城) 동쪽에 위치한 평주(平州)의 치소는 현(現) 조백하(潮白河)에 인접해 있었다.

따라서 당(唐) 평주(平州)의 영토는 현(現) 천진시(天津市) 일대였다.

구당서지리지(舊唐書地理志)에 의하면 현(現) 낙양성(洛陽城)에서 규주(嬀州)와 탁주(涿州) 간 거리는 각각 1,910리(里)와 1,480리(里)이다.

또한 현(現) 낙양성(洛陽城)에서 두 지역으로 가는 여정은 현(現) 하북성(河北省) 보정시(保定市) 중부 지역까지 동일하며, 이후 여정이 분기된다.

만약 현(現) 낙양성(洛陽城)에서 탁주(涿州)를 거쳐 규주(嬀州)에 이르는 고대도로의 길이가 다른 여정보다 짧았다면, 당연히 탁주(涿州)를 거쳐 규주(嬀州)로 갔을 것이다.

이 경우 탁주(涿州)와 규주(嬀州) 간 거리는 430리(里)이다.

반면, 현(現) 낙양성(洛陽城)과 규주(嬀州) 간 1,910리(里) 여정에 탁주(涿州)가 포함되지 않았다면, 탁주(涿州)와 규주(嬀州) 간 거리는 430리(里) 이상임을 의미한다.

결국 탁주(涿州)와 규주(嬀州) 간 거리는 최소 430리(里)이다.

신당서지리지(新唐書地理志) 규주(嬀州) 규천군(嬀川郡) 편에 의하면 규주(嬀州) 치소 동남쪽 50리(里) 지점에 거용새(居庸塞)가 위치한다.

이는 탁주(涿州)의 치소가 거용새(居庸塞)에서 동남쪽으로 최소 380리(里) 이상 떨어져 있었음을 의미한다.

그러나 현대도로를 기준으로 보면, 거용새(居庸塞) 동남쪽에 위치한 탁주(涿州)와 서북쪽에 위치한 규주(嬀州) 간의 거리는 430리(里)보다 훨씬 짧다.

이러한 사례에서 알 수 있듯, 산악지대를 통과한 고대도로의 경우, 사료에 기록된 거리는 동일 구간의 현대도로보다 훨씬 길었다.

따라서 사료에 기록된 거리 정보를 해석할 때에는 지형적 특성을 고려해야 한다.

> **학설 249)**
> 당(唐) 시기, 규주(嬀州)와 탁주(涿州) 간 거리는 최소 430리(里)로 기록되어 있다.
> 그러나 거용새(居庸塞) 서북쪽 50리(里) 지점에 위치한 규주(嬀州)와,
> 거용새(居庸塞) 동남쪽에 위치한 탁주 간의 현대도로 거리는 이보다 훨씬 짧다.
> 이러한 사례에서 알 수 있듯, 산악지대를 통과한 고대도로의 경우, 사료에 기록된 거리는 동일 구간의 현대도로보다 훨씬 길었다.

구당서지리지(舊唐書地理志)에 의하면 현(現) 서안성(西安城)에서 평주(平州)와 영주(營州)까지의 거리는 각각 2,650리(里)와 3,589리(里)이다.

따라서 평주(平州)와 영주(營州) 사이의 거리는 939리(里)이고, 탁주(涿州)와 영주(營州) 사이의 거리는 1,189리(里)〈250리 + 939리〉이다.

탁주(涿州)에서 최소 430리(里) 거리의 규주(嬀州)는 거용새(居庸塞) 서북쪽 50리(里) 지점에 위치하는데, 탁주(涿州)에서 1,189리(里) 거리의 영주(營州)가 과연 현(現) 하북성(河北省)을 벗어날 수 있을까?

본 연구자는 수학적으로 불가능하다고 판단하며, 그 근거는 산악지대의 지형적 특성에 있다.

'토목기술의 발달로 도로 길이가 가장 획기적으로 단축된 구간은 터널이 뚫리거나 골짜기를 가로지르는 교량이 건설된 산악지대이다.

고대도로는 수레 이동을 목적으로 설계되어, 경사를 오르내리는 힘이 약한 수레의 특성상 '之'자 형태로 경사면을 따라 오르락내리락하는 구조를 가진다.

따라서 산악지대 고대도로의 실제 거리는 직선 거리의 수십 배에 이를 수 있다.

반면, 자동차 이동을 목적으로 설계된 현대도로는 터널이나 교량을 통해 산악 지형을 횡단하며, 동일 구간의 직선거리와 큰 차이가 없다.

터널이나 교량이 없는 구간도, 현대도로는 고대도로보다 곡선율이 훨씬 낮다.

게다가 현대도로는 자동차의 원활한 주행을 위해 시멘트나 아스팔트로 평탄하게 포장되고, 도로의 높낮이를 최소화하며, 최대한 직선화되어 도로 길이를 줄인다.

따라서 산악지대에서 현대도로의 길이는 고대도로에 비해 획기적으로 단축될 수밖에 없다.' [출처: 동북아고대사정립(東北亞古代史正立) 4, P. 107]

이러한 지리적 특성을 고려할 때, 탁주(涿州)와 규주(媯州) 간 직선거리는 비교적 짧았음에도 불구하고, 현(現) 북경시(北京市) 중심지 서남쪽에 위치한 산악지대의 지형적 제약으로 인해 고대도로의 길이는 최소 430리(里)에 달했던 것이다.

마찬가지로, 탁주(涿州)와 영주(營州) 간 직선거리가 그리 멀지 않음에도 불구하고, 현(現) 북경시(北京市) 중심지 동북쪽에 위치한 산악지대의 영향으로 고대도로의 길이는 1,189리(里)에 이르렀던 것이다.

본 연구는 산악지대의 지형적 특성이 고대도로의 거리 기록에 결정적인 영향을 미쳤음을 보여준다.

8. 수학적 검증

한중일학계(韓中日學界)의 통설(通說)에 의하면 대요수(大遼水)는 현(現) 요하(遼河)이며, 유수(濡水)는 현(現) 난하(灤河)이다.

이러한 통설(通說)을 뒷받침하는 군현(郡縣)은 당(唐) 평주(平州) 노룡현(盧龍縣)이다.

당(唐) 평주(平州) 노룡현(盧龍縣)이 현(現) 난하(灤河) 동쪽에 위치한다는 한중일학계(韓中日學界)의 통설(通說)이 논파되지 않는 한, 대요수(大遼水)는 현(現) 요하(遼河)로 비정될 수밖에 없다.

반면, 본 연구자는 대요수(大遼水)는 현(現) 난하(灤河)이며, 유수(濡水)는 현(現) 조백하(潮白河)이고, 당(唐) 평주(平州) 노룡현(盧龍縣)의 치소는 현(現) 천진시(天津市) 내에 위치했다고 주장하고 있다.

이처럼 기존 통설(通說)과 본 연구자의 비정이 현격한 차이를 보이고 있기에, 통설(通說)과 본 연구자의 주장 중 하나는 거짓이다.

한편, 평주(平州)가 현(現) 서안성(西安城) 동북 2,650리(里) 지점에 위치한다는 구당서지리지(舊唐書地理志)의 기록은 거리 분석을 통해 어느 주장이 거짓인지 검증할 수 있는 근거를 제공한다.

관련 내용을 [표 2]에 정리하였으며, 제(第) 3절(節)에서 이를 검증하고자 한다.

수학적 검증의 결과는 누구도 부정할 수 없을 것이다.

[표 2]

구당서지리지(舊唐書地理志)에 의하면 현(現) 서안성(西安城)에서 탁주(涿州)까지 2,400리(里)이며, 평주(平州)까지 2,650리(里)이다.	
통설(通說)	당(唐) 평주(平州) 노룡현(盧龍縣)은 현(現) 난하(灤河) 동쪽 진황도시(秦皇島市) 노룡현(盧龍縣)이다.
본 연구자의 주장	당(唐) 평주(平州)의 치소는 현(現) 천진시(天津市) 내에 위치한다.

第3節
구당서지리지(舊唐書地理志)의 기록 연구 검증

 정사서(正史書)의 거리 기록을 감안할 때 역사지명 비정이 수학적으로 가능한지 여부를 판단하기 위한 고대도로와 현대도로 간 단축률을 활용한 역사지명 비교연구(比較研究)를 '**고대도로 단축률 연구**'라 칭한다. [출처: 동북아고대사정립(東北亞古代史正立) 4, P. 95]

 이 연구에서 특정 지명의 비정에 관한 명제를 적용하면, 해당 단축률을 통해 그 명제의 진위 여부를 추정할 수 있다.

1. 탁주(涿州)와 평주(平州) 간 거리 기록 검증

[표 1]

• 계성(薊城) 서쪽 120리(里) 지점에 위치한 탁주(涿州)는 현(現) 탁주시(涿州市)이다. • 구당서지리지(舊唐書地理志)에 의하면 탁주(涿州)와 평주(平州) 간 거리는 250리(里)이다.	
통설(通說)	당(唐) 평주(平州) 노룡현(盧龍縣)은 현(現) 난하(灤河) 동쪽 진황도시(秦皇島市) 노룡현(盧龍縣)이다.
본 연구자의 주장	당(唐) 평주(平州)의 치소는 현(現) 천진시(天津市) 내에 위치한다.

[고대도로 단축률 연구 1]

 탁주(涿州)와 평주(平州) 간 거리는 250리(里)이다.

 고대도로의 길이로 바꾸면 140.0km⟨250×559.8m⟩이다.

 구글맵(Google Map)에 의하면 현(現) 탁주시(涿州市)와 현(現) 노룡현(盧龍縣) 간 구글(Google) 최단거리도로(最短距離道路)의 길이는 292.0km이다.

탁주(涿州)와 당(唐) 평주(平州) 노룡현(盧龍縣) 간 1,200년 전 고대도로의 길이보다 현대도로의 길이가 2.086배 더 길다는 결과가 나왔다.

140km의 1,200년 전 고대도로가 현대도로로 바뀌면서 2배 이상 길어졌다는 데이터는 수학적으로 불가능하다.

> **학설 250)**
> '당(唐) 평주(平州) 노룡현(盧龍縣)은 현(現) 노룡현(盧龍縣)에 위치했다'는 명제를 '고대도로 단축률 연구'에서 대입한 결과, '탁주(涿州)와 당(唐) 평주(平州) 노룡현(盧龍縣) 간 1,200년 전 고대도로가 현대도로로 바뀌면서 오히려 2.086배로 더 길어졌다'는 결과는 불가능하기 때문에 명제는 거짓이다.
> 현(現) 진황도시(秦皇島市) 내에 위치한 노룡현(盧龍縣)이 당(唐) 평주(平州) 노룡현(盧龍縣)일 가능성은 수학적으로 불가능하다.

2. 현(現) 서안성(西安城)과 평주(平州) 간 거리 기록 검증

[표 2]

구당서지리지(舊唐書地理志)에 의하면 현(現) 서안성(西安城)에서 탁주(涿州)까지 2,400리(里)이며, 평주(平州)까지 2,650리(里)이다.	
통설(通說)	당(唐) 평주(平州) 노룡현(盧龍縣)은 현(現) 난하(灤河) 동쪽 진황도시(秦皇島市) 노룡현(盧龍縣)이다.
본 연구자의 주장	당(唐) 평주(平州)의 치소는 현(現) 천진시(天津市) 내에 위치한다.

[고대도로 단축률 연구 2]

현(現) 서안성(西安城)에서 탁주(涿州)까지 2,400리(里)이다.

고대도로의 길이로 바꾸면 1,343.5km〈2,400×559.8m〉이다.

구글맵(Google Map)에 의하면 현(現) 서안성(西安城)과 현(現) 탁주시(涿州市) 간 구글(Google) 최단거리도로(最短距離道路)의 길이는 1,018.0km이다.

현(現) 서안성(西安城)과 당(唐) 탁주(涿州) 간 1,200년 전 고대도로의 길이를 24.2% 단축시켰다는 결과가 나왔다.

수학적으로 가능한 수치이다.

[고대도로 단축률 연구 3]

현(現) 서안성(西安城)에서 평주(平州)까지 2,650리(里)이다.

고대도로의 길이로 바꾸면 1,483.5km〈2,650×559.8m〉이다.

구글맵(Google Map)에 의하면 현(現) 서안성(西安城)과 현(現) 노룡현(盧龍縣) 간 구글(Google) 최단거리도로(最短距離道路)의 길이는 1,295.0km이다.

현(現) 서안성(西安城)과 당(唐) 평주(平州) 노룡현(盧龍縣) 간 1,200년 전 고대도로의 길이를 12.7% 단축시켰다는 결과가 나왔는데, 수학적으로 거의 불가능한 수치이다.

'고대도로 단축률 연구'에서는 현대의 최단거리도로(最短距離道路)를 활용하여 고대도로의 길이가 얼마나 단축되었는지 측정하기 때문에, 도로 개선 정도에 따라 단축률은 크게 달라질 수 있다.

그러나 동일한 시대의 거리 기록일 경우, 공유한 도로 구간의 고대도로 단축률은 동일해야 한다.

고대도로 단축률 연구 2 에 의하면 현(現) 서안성(西安城)에서 현(現) 보정시(保定市)까지 1,200년 전 고대도로의 길이가 24.2% 단축되었다.

이제 이 24.2% 단축률과, 본 연구의 12.7% 단축률 간 상관관계를 살펴보자.

구글맵(Google Map)에 의하면 현(現) 서안성(西安城)과 노룡현(盧龍縣) 간 최단거리도로(最短距離道路) 중, 현(現) 서안성(西安城)에서 보정시(保定市)까지는 고대도로 단축률 연구 2 의 최단거리도로(最短距離道路)와 경로가 일치했다.

따라서 24.2% 단축률의 도로를 상당부분 공유했음에도 불구하고, '총 12.7% 단축'이라는 이번 연구 결과는 수학적으로 불가능하다.

게다가 보정시(保定市) 이후의 여정을 살펴보면, 지형적 조건이나 현대 도로망을 고려할 때, 24.2%보다 더 높은 수치가 나왔어야 논리적으로 자연스럽다.

학설 244) 에 의하면

> 당(唐) 시기, 현(現) 낙양성(洛陽城)에서 하북평원(河北平原)을 가로질러 평주(平州)에 이르는 고대도로의 길이는 현(現) 낙양성(洛陽城)에서 탁주(涿州)를 거쳐 평주(平州)에 이르는 고대도로의 길이보다 170리(里) 더 길었다.

고대에는 습지 또는 바다였던 곳이 현대에는 육지가 되어 도로가 놓였는데, 하북평원(河北平原)과 천진시(天津市) 남부 지역이 대표적인 예이다.

그런데 이번 연구에서 선택된 현대도로 중, 보정시(保定市) 이후의 최단거리도로(最短距離道路)는 바로 이 하북평원과 천진시를 가로질러 놓여 있었다.

이러한 경우라면, **고대도로 단축률 연구 2** 의 24.2%를 넘는 단축률이 나오는 것이 합리적이나, 연구 결과는 총 12.7% 단축에 그쳤다.

이러한 데이터는 수학적으로 불가능하다.

학설 251)

'고대도로 단축률 연구'에서 당(唐) 평주(平州) 노룡현(盧龍縣)을 현(現) 노룡현(盧龍縣)으로 대입한 결과, '현(現) 서안성(西安城)과 당(唐) 평주(平州) 노룡현(盧龍縣) 간 1,200년 전 고대도로가 현대도로로 바뀌면서 12.7% 단축되었다'는 결과는 불가능하다.

따라서 진황도시(秦皇島市) 내에 위치한 현(現) 노룡현(盧龍縣)이 당(唐) 평주(平州) 노룡현(盧龍縣)일 가능성은 수학적으로 불가능하다.

第4節
구당서지리지(舊唐書地理志)의 거리 기록을 연구한 결과

본 연구는 '현(現) 난하(灤河) 동쪽의 노룡현(盧龍縣)이 당(唐) 평주(平州) 노룡현(盧龍縣)과 동일한 위치'라는 한중일학계(韓中日學界)의 통설(通說)이 수학적으로 가능한지를 밝히기 위해, 구당서지리지(舊唐書地理志)의 거리 기록을 분석하였으며, 다음과 같은 연구 결과를 도출하였다.

1. 현(現) 낙양성(洛陽城)에서 탁주(涿州)를 거쳐 당(唐) 평주(平州)의 치소에 이르는 여정은 1,730리(里)였다.

2. 당(唐) 시기, 현(現) 낙양성(洛陽城)에서 하북평원(河北平原)을 가로질러 평주(平州)에 이르는 고대도로의 길이는 현(現) 낙양성(洛陽城)에서 탁주(涿州)를 거쳐 평주(平州)에 이르는 고대도로의 길이보다 170리(里) 더 길었다.

3. 당(唐) 시기, 현(現) 서안성(西安城)과 낙양성(洛陽城)에서 계성(薊城)에 이르는 가장 빠른 여정은 두 경우 모두 탁주(涿州)를 경유했다.

4. 현(現) 낙양성(洛陽城)에서 후한(後漢) 우북평성(右北平城)을 승계한 계성(薊城)에 이르는 도로의 길이는, 2,000년 전에는 978.2km, 1,200년 전에는 895.7km였으며, 현재는 782km이다.

5. **고대도로 단축률 연구**'에서 당(唐) 평주(平州) 노룡현(盧龍縣)을 현(現) 노룡현(盧龍縣)으로 대입한 결과, 탁주(涿州)와 당(唐) 평주(平州) 노룡현(盧龍縣) 간 1,200년 전 고대도로가 현대도로로 바뀌면서 오히려 2.086배로 더 길어졌다는 결과는 불가능하다.

따라서 현(現) 진황도시(秦皇島市) 내에 위치한 노룡현(盧龍縣)이 당(唐) 평주(平州) 노룡현(盧龍縣)일 가능성은 수학적으로 불가능하다.

6. '고대도로 단축률 연구'에서 당(唐) 평주(平州) 노룡현(盧龍縣)을 현(現) 노룡현(盧龍縣)으로 대입한 결과, 현(現) 서안성(西安城)과 당(唐) 평주(平州) 노룡현(盧龍縣) 간 1,200년 전 고대도로가 현대도로로 바뀌면서 12.7% 단축되었다는 결과가 나왔는데, 이러한 수치는 현실적으로 타당하지 않다.

따라서 진황도시(秦皇島市) 내에 위치한 현(現) 노룡현(盧龍縣)이 당(唐) 평주(平州) 노룡현(盧龍縣)일 가능성은 수학적으로 불가능하다.

참고문헌

구당서(舊唐書) 〈유후(劉煦) 등〉

신당서(新唐書) 〈구양수(歐陽修) 등〉

수서(隋書) 〈위징(魏徵) 등〉

후한서(後漢書) 〈범엽(范曄)〉

사기색은(史記索隱) 〈사마정(司馬貞)〉

수경주(水經注) 〈역도원(酈道元)〉

중국역사지명대사전(中國歷史地名大辭典, 鹽英哲, 凌雲書房, 1980)

구글맵(Google Map, https://www.google.co.kr)

동북아고대사정립(東北亞古代史正立) 1 〈김석주(金錫柱)〉

동북아고대사정립(東北亞古代史正立) 2 〈김석주(金錫柱)〉

동북아고대사정립(東北亞古代史正立) 3 〈김석주(金錫柱)〉

第20章

논문(論文)
요(遼) 중경(中京)과 상경(上京)의 위치 연구

요(遼) 중경(中京)과 상경(上京)의 위치 연구

본 연구의 목적은 첫 번째, '요(遼) 중경대정부(中京大定府)의 치소는 현(現) 내몽고자치구(內蒙古自治區) 적봉시(赤峰市) 영성현(寧城縣) 내에 위치한다'는 한중일학계(韓中日學界)의 통설(通說)이 수학적으로 가능한지 여부를 요사지리지(遼史地理志) 중경대정부(中京大定府) 편에 수록된 왕증(王曾)이 저자인 상거란사(上契丹事)의 거리 기록 연구를 통해 검증하는 것이다.

두 번째는 '요(遼) 상경임황부(上京臨潢府)의 치소는 현(現) 내몽고자치구(內蒙古自治區) 통요시(通遼市) 파림좌기(巴林左旗) 내에 위치한다'는 한중일학계(韓中日學界)의 통설(通說)이 수학적으로 가능한지 여부를 요사지리지(遼史地理志) 상경임황부(上京臨潢府) 편에 수록된 설영(薛映)이 저자인 설영기(薛映記)의 거리 기록 연구를 통해 검증하는 것이다.

요(遼) 중경(中京)과 상경(上京)이 위치한 곳은 각각 진요동(秦遼東) 북부 지역과 예맥(濊貊) 땅 서부 지역으로 고조선(古朝鮮)의 영토였다.

본 연구의 의미는 고조선(古朝鮮)의 서북방 한계가 어디였는지 알기 위함이다.

第1節
연구 범위 및 구성

중국역사지명대사전(中國歷史地名大辭典)에 의하면 당(唐) 1리(里)의 거리는 559.8m이다.

당(唐) 시기부터 북송(北宋) 시기까지 고중국(古中國)의 1리(里)는 당(唐) 1리(里)와 동일하거나 대동소이(大同小異)하기 때문에 1리(里)를 559.8m로 고정하여 분석을 진행하고자 한다.

'고중국(古中國)의 사서(史書)에 기록된 거리는 '도리(道里)'로, 이는 수레가 지나갈 수 있는 정상적인 도로의 길이, 즉 수레의 바퀴 회전수를 활용하여 기점(起點)과 종점(終點) 간 고대도로의 길이를 측량한 결과물이다.

현대에도 자동차의 바퀴 회전수를 활용하여 도로의 길이를 측량하며, 수레와 자동차라는 차이만 있을 뿐, 바퀴 회전수를 통해 도로의 길이를 측량한다는 점은 같다.

현대의 최단거리도로(最短距離道路)와 고대도로의 차이점을 분석하고, 이에 상응하는 적절한 가중치를 변수(變數)로 설정하여 대입하면, 역사지명 연구에 활용될 수 있을 것이다.

하지만 본 연구자는 그 '적절한 가중치'를 객관화할 수 있는 방법을 찾지 못했다.

도로의 길이는 GPS로 측정하는 직선거리처럼 절대적인 값이 아니라, 지형과 도로의 개선에 따라 리수(里數)가 달라지는 상대적인 거리이기 때문이다.

이러한 이유로, 사서(史書)에 기록된 거리 기록을 활용하여 역사지명을 비정하는 데에는 신중을 기해야 한다는 것이 본 연구자의 판단이다.

따라서 본 연구자는 오직 수학적으로 타당한지 여부만을 판단하고자 한다.

더불어 '시간이 흘러 도로가 개선되며 발생하는 오차를 애초에 배제하기 위해, 동시대의 기록만을 사용하여 연구하겠다'는 원칙을 세웠기에, 본 연구에서는 다른 시대의 거리 기록을 활용하지 않을 것이다.' [출처: 동북아고대사정립(東北亞古代史正立) 4, P. 94].

한중일학계(韓中日學界)의 통설(通說)과 다른 내용을 언급하면서도 근거를 생략한 글은 모두 동북아고대사정립(東北亞古代史正立) 1 ~ 3에서 본 연구자가 충분히 논증한 내용임을 미리 밝힌다.

본 연구자의 주장이 한중일학계(韓中日學界)의 통설(通說)과 많이 다르다는 이유로 이미 논증한 내용의 근거를 모두 제시하면서 기술하면 논점이 흐려지기 때문이다.

第 2 節
상거란사(上契丹事)와 설영기(薛映記)의 기록 연구

1. 요(遼) 연경(燕京)의 위치

한중일학계(韓中日學界)의 통설(通說)에 의하면 요(遼) 연경(燕京)은 전국칠웅(戰國七雄) 연(燕)의 수도였던 계성(薊城)과 동일한 위치이다.

그러나 전국칠웅(戰國七雄) 연(燕)의 수도였던 계성(薊城)은 현(現) 영정하(永定河) 서남쪽에 위치하며, 반면 수(隋)·당(唐) 시기의 두 번째 계성(薊城)은 영정하(永定河) 북쪽에 인접해 있다.

이에 더하여, 전국칠웅(戰國七雄) 연(燕)의 수도였던 첫 번째 계성(薊城)은 후한(後漢) 기준척(基準尺)으로 현(現) 한위낙양고성(漢魏洛陽故城) 동북 2,000리(里) 지점에 위치했던 것으로 기록되어 있다.

동북아고대사정립 3의 학설 188) 에 의하면

> 진(晉) 시기, 우북평군(右北平郡)과 우북평성(右北平城)이라는 행정명은 역사속으로 사라졌으며, 각각 북평군(北平郡)과 북평성(北平城)으로 개칭되었다.
> 진(晉) 북평군(北平郡) 치소 북평성(北平城)은 후한(後漢) 기준척(基準尺)으로 낙양(洛陽) 동북 2,300리(里) 지점에 위치한다.

한편, 진(晉) 북평군(北平郡) 치소 북평성(北平城)을 승계한 두 번째 계성(薊城)은, 후한(後漢) 기준척(基準尺)으로 현(現) 한위낙양고성(漢魏洛陽故城) 동북 2,300리(里) 지점에 위치하며, 구당서지리지(舊唐書地理志)에 기록된 계성(薊城)과 동일한 위치이다.

구당서지리지(舊唐書地理志)에 의하면 당(唐) 유주(幽州) 치소 계성(薊城)은 당(唐)의 동도(東都), 즉 현(現) 낙양성(洛陽城) 동북 1,600리(里) 지점에 위치한다.

동북아고대사정립 3의 학설 150) 에 의하면

> 요(遼) 연경(燕京)은 당(唐) 계성(薊城) 북쪽 84리(里) 지점에 위치한다.
> 연경(燕京)이 계성(薊城) 북쪽 84리(里) 지점에 위치했으므로 계현(薊縣) 북쪽에 위치한 새로운 현(縣)이라는 의미를 부여하기 위해 계현(薊縣)에 북(北)을 추가하여 계북현(薊北縣)으로 개칭하였다.

따라서 연경(燕京)은 당(唐) 기준척(基準尺)으로 현(現) 낙양성(洛陽城) 동북 1,600리(里) 지점이 아니라 1,684리(里) 지점에 위치한다.

> 학설 252)
> 요(遼) 연경(燕京)은 당(唐) 기준척(基準尺)으로 현(現) 낙양성(洛陽城) 동북 1,684리(里) 지점에 위치한다.

2. 연경(燕京)에서 중경(中京)까지의 여정 연구

북송(北宋)의 동북쪽 국경은 현(現) 하북성(河北省) 중부 지역과 남부 지역 간 경계가 되는 하천인 백구하(白溝河)였다.

북송(北宋)의 사신들은 백구하(白溝河)를 건너, 현(現) 하북성(河北省) 중부 지역에 해당하는 요(遼) 남경석진부(南京析津府)의 영토를 지나 당장성(唐長城)을 넘어 중경(中京)에 이르렀다.

만약 중경(中京)이 한중일학계(韓中日學界)의 통설(通說)대로 현(現) 내몽고자치구(內蒙古自治區) 적봉시(赤峰市)에 위치한다면, 북송(北宋)의 사신들은 연경(燕京) 동쪽에 위치한 당장성(唐長城) 동북방 출구인 송정관(松亭關)을 통해 당장성(唐長城)을 나가는 것이 합리적이다.

하지만 북송(北宋)의 사신들은 연경(燕京) 북쪽에 위치한 당장성(唐長城) 출구인 고북구(古北口)를 통해 당장성(唐長城)을 나가는 여정을 선택했다.

먼저 송정관(松亭關)을 통해 중경(中京)에 이르는 여정을 살펴보자.

신당서지리지(新唐書地理志) 계주(薊州) 어양군(漁陽郡) 편에 의하면

> 薊州漁陽郡 開元十八年析幽州置 東北渡灢河有古盧龍鎭 自古盧龍 北經
> 九荊嶺 受米城 張洪隘 度石嶺 至奚王帳 六百里
> 계주(薊州) 어양군(漁陽郡), 개원(開元) 18년에 유주(幽州)를 쪼개어 설치했다.
> 계주(薊州)에서 동북쪽으로 난하(灢河)를 건너면 옛 노룡진(盧龍鎭)이 있다.
> 옛 노룡진(盧龍鎭)에서 북쪽으로 구형령(九荊嶺)과 수미성(受米城) 그리고
> 장홍애(張洪隘)를 지나 석령(石嶺)을 넘으면 해왕(奚王)의 장(帳)에 이르기까지
> 600리(里)이다.

'계주(薊州)에서 동북쪽으로 난하(灢河)를 건너면 옛 노룡진(盧龍鎭)이 있다'고 기록되어 있는데, 이 노룡진(盧龍鎭)의 당장성(唐長城) 출구는 송정관(松亭關)이다.

또한 '옛 노룡진(盧龍鎭)에서 북쪽으로 해왕(奚王)의 장(帳)에 이르기까지 600리(里)'라고 기록되어 있는데, 해왕(奚王)의 장(帳)이 있던 곳에 중경(中京)의 도성이 축성되었다.

이때 언급된 600리(里)의 기점(起點)이 옛 노룡진(盧龍鎭)의 치소를 지칭하는 것인지, 관문인 송정관(松亭關)을 지칭하는 것인지는 명확하지 않다.

하지만 이는 연구 결과에 변수(變數)로 작용하지 않기 때문에, 본 연구에서는 기점을 송정관(松亭關)으로 가정하여 분석을 진행하고자 한다.

무경총요(武經總要)에 의하면 노룡진(盧龍鎭)의 당장성(唐長城) 출구였던 송정관(松亭關)은 연경(燕京)의 정동(正東)에서 약간 북쪽에 위치하는데, 연경(燕京)에서 송정관(松亭關)까지의 거리는 450리(里)이다.

따라서 요(遼) 연경(燕京)에서 송정관(松亭關)을 거쳐가는 여정에는 1,050리(里) 지점에 요(遼) 중경(中京)이 위치하고 있다.

이번에는 요(遼) 연경(燕京)에서 고북구(古北口)를 거쳐가는 여정을 살펴보자.

상거란사(上契丹事)에 의하면 연경(燕京)에서 당장성(唐長城) 출구인 고북구(古北口)까지는 300리(里)이며, 고북구(古北口)에서 중경(中京)까지는 650리(里)이다.

따라서 요(遼) 연경(燕京)에서 고북구(古北口)를 거쳐가는 여정에는 950리(里) 지점에 중경(中京)이 위치하고 있다.

결국 고북구(古北口)를 거쳐 중경(中京)에 이르는 여정이 송정관(松亭關)을 거치는 여정보다 100리(里) 더 짧다.

당장성(唐長城)의 고북구(古北口)와 송정관(松亭關)으로부터 각각 650리(里)와 600리(里) 떨어진 지점에 위치해야 한다는 점을 감안할 때, '요(遼) 중경(中京)이 적봉시(赤峰市) 영성현(寧城縣) 내에 위치했다'는 한중일학계(韓中日學界)의 통설(通說)은 수학적으로 성립할 수 없다.

당장성(唐長城)의 고북구(古北口)에서 고대도로 기준으로 650리(里)로는 현(現) 승덕시(承德市) 서부를 벗어날 수 없기 때문이며, 북송(北宋)의 사신들이 고북구(古北口)를 통한 여정을 선호한 것도, 이 경로가 보다 유리했기 때문이다.

고북구(古北口) · 연경(燕京) · 송정관(松亭關) · 요(遼) 중경(中京)을 선분으로 연결하면 사각형이 형성된다.

선분에 거리 기록을 대입하여 수학적으로 분석하면, 요(遼) 중경(中京)은 요(遼) 연경(燕京) 북쪽에서 살짝 동쪽으로 기운 방향에 위치하고 있음을 알 수 있다.

> **학설 253)**
> 요(遼) 연경(燕京)에서 당시의 고북구(古北口)를 거쳐 중경(中京)에 이르는 여정은 당시의 송정관(松亭關)을 거쳐 중경(中京)에 이르는 여정보다 짧았다.
> 고중국(古中國) 사서(史書)의 거리 기록을 수학적으로 분석한 결과,
> 요(遼) 중경(中京)은 연경(燕京) 북쪽에서 살짝 동쪽으로 기운 방향에 위치한다.

상거란사(上契丹事)에 의하면 왕증(王曾)은 연경북문(燕京北門) ➡ 망경관(望京館) ➡ 순주(順州) ➡ 단주(檀州) ➡ 금구관(金溝館) ➡ 고북구(古北口) ➡ 신관(新館) ➡ 와여래관(臥如來館) ➡ 유하관(柳河館) ➡ 타조부락관(打造部落館) ➡ 우산관(牛山館) ➡ 녹아협관(鹿兒峽館) ➡ 철장관(鐵漿館) ➡ 부곡관(富穀館) ➡ 통천관(通天館) ➡ 중경대정부(中京大定府)의 여정을 거쳤다.

연경(燕京)에서 당장성(唐長城)의 출구인 고북구(古北口)까지는 300리(里)이다.

고북구(古北口)에서 120리(里)를 가면 와여래관(臥如來館), 다시 70리(里)를 가면 유하관(柳河館)에 도착한다.

와여래관(臥如來館)과 유하관(柳河館) 간 여정에서 주목할 점은 오난하(烏灤河)를 지나야 하며, 오난하(烏灤河)의 동쪽에는 난하(灤河)가 흐르는 난주(灤州)가 위치한다는 점이다.

요사지리지(遼史地理志) 중경대정부(中京大定府) 편에 의하면 중경(中京)의 속주(屬州)인 택주(澤州)에도 유수(濡水)에서 개칭된 난하(灤河)가 흐르고 있다.

와여래관(臥如來館)과 유하관(柳河館) 간 거리는 70리(里)에 불과하기 때문에 유하관(柳河館)은 택주(澤州)의 영토 내에 위치하고 있었음을 알 수 있다.

또한 당장성(唐長城) 북쪽 택주(澤州)에서 흐르는 난하(灤河)가 남쪽으로 흘러 당장성(唐長城) 남쪽 난주(灤州)로 유입되었음을 알 수 있다.

동북아고대사정립 3의 학설 198) 에 의하면

> 조조(曹操)가 포구수(鮑丘水)를 활용하여 보정시(保定市)와 천진시(天津市)가 연결되는 신하고독(新河故瀆)을 만들었다.
> 수경주(水經注)에 의하면 신하고독(新河故瀆)은 유수(濡水)를 끊고 천진시(天津市) 바다에 입해(入海)했기 때문에 신하고독(新河故瀆)이 관통한 유수(濡水)는 현(現) 난하(灤河)가 아니라 조백하(潮白河)이다.

정리해보면, 옛 고북구(古北口)에서 190리(里) 지점에 위치한 유하관(柳河館)은, 유수(濡水)에서 개칭된 난하(灤河), 즉 조백하(潮白河)가 흐르는 현(現) 북경시(北京市) 내에 위치해 있었다.

한편, 택주(澤州)의 영토는 명장성(明長城)보다 남쪽에 축성된 당장성(唐長城) 북쪽에 접해 있었다.

따라서 유하관(柳河館)은 명장성(明長城) 남쪽에 위치하며, 북경시(北京市) 내 조백하(潮白河)가 흐르는 지역에 해당하는 요(遼) 택주(澤州)에 속했다.

> **학설 254)**
> 옛 고북구(古北口)에서 190리(里) 떨어진 유하관(柳河館)은, 명장성(明長城) 남쪽에 위치하며, 북경시(北京市) 내 조백하(潮白河)가 흐르는 지역에 해당하는 요(遼) 택주(澤州)에 속했다.

유하관(柳河館)에서 요(遼) 중경(中京)까지 남은 여정은 460리(里)이다.

상거란사(上契丹事)에는 유하관(柳河館)에서 타조부락관(打造部落館)으로 가는 70리(里) 여정 중에 넘어야 하는 송정령(松亭嶺)은 '심히 험준(險峻)하다'고 기록되어 있다.

비록 70리(里)라 하더라도, 산악지대에서 험준한 령(嶺)을 넘는 거리이므로 직선거리는 매우 짧을 수밖에 없다.

다음 여정은 타조부락관(打造部落館)에서 우산관(牛山館)에 이르는 50리(里)인데, 이 구간의 방향은 동북(東北)이 아니라 동남(東南)으로 기록되어 있다.

이는 당장성(唐長城) 방향으로 이동하고 있음을 의미한다.

이어지는 여정은 우산관(牛山館)에서 녹아협관(鹿兒峽館)에 이르는 80리(里)인데, 녹아협관(鹿兒峽館)에서 골짜기를 뜻하는 '峽'을 통해 알 수 있듯, 이 구간 역시 험한 산악지대를 통과하고 있다.

이처럼 택주(澤州)의 유하관(柳河館)에서 령(嶺) 하나를 넘어 타조부락관(打造部落館)에 이르렀으며, 동북쪽이 아니라 동남쪽으로 50리(里)를 더 가서 우산관(牛山館)에 이르렀고, 다시 80리(里)를 가서야 다음 령(嶺)을 넘기 위한 녹아협관(鹿兒峽館)에 도착한 것이다.

즉, 유하관(柳河館)에서 녹아협관(鹿兒峽館)까지 200리(里)〈70리 + 50리 + 80리〉의 여정이지만, 그 사이에 넘은 령(嶺)은 단 하나에 불과하다.

이후, 하마령(蝦蟆嶺)을 넘는 90리(里)의 여정과 석자령(石子嶺)을 넘는 70리(里)의 여정을 거쳐 부곡관(富穀館)에 이르렀다.

상거란사(上契丹事)에는 세 번째 령(嶺)인 석자령(石子嶺)을 지나면서부터 점차 산지(山地)를 벗어나게 된다고 기록되어 있으므로, 택주(澤州)의 유하관(柳河館)에서 부곡관(富穀館)까지 360리(里)〈200리 + 90리 + 70리〉의 여정은, 산악지대에서 세 개의 령(嶺)을 넘는 길이었다.

부곡관(富穀館)에서 80리(里)를 가면 통천관(通天館)에 이르고, 다시 20리(里)를 더 가면 중경대정부(中京大定府)에 도착하는데, 이는 산악지대를 벗어난 부곡관(富穀館)에서 100리(里) 지점에 중경성(中京城)이 위치하고 있음을 뜻한다.

부곡관(富穀館)과 중경성(中京城) 간 거리가 100리(里)에 불과하므로, 부곡관(富穀館)이 위치한 곳은 중경(中京)의 직할지이다.

'유하관(柳河館)과 부곡관(富穀館) 사이의 360리(里) 산악지대에 중경(中京)의 또 다른 속주(屬州)가 존재한다'는 생각은 상식에 부합하지 않으므로, 중경(中京)의 직할지는 택주(澤州) 북동쪽에 접해 있다고 볼 수 있다.

요(遼) 택주(澤州) 북동부의 산악지대에 이후 명장성(明長城)이 축성되었다.

따라서 택주(澤州) 북동쪽에 접한 중경(中京)의 직할지는, 오늘날 북경시(北京市) 동북부 산악지대를 지나 위치한 승덕시(承德市) 서남부 지역에 해당한다.

> **학설 255)**
> 요(遼) 택주(澤州) 북동부의 산악지대에 명장성(明長城)이 축성되었다.
> 택주(澤州) 북동쪽에 접해 있는 중경(中京)의 직할지는, 북경시(北京市) 동북부 산악지대를 벗어난 현(現) 승덕시(承德市) 서남부 지역에 위치한다.

중경(中京)의 직할지는 조백하(潮白河) 동쪽에 위치하지만, 조백하(潮白河)로부터 그리 멀지 않은 곳이며, 명장성(明長城) 동북쪽에 위치하지만 명장성(明長城)으로부터도 멀지 않은 곳에 위치한다.

또한 한중일학계(韓中日學界)는 요(遼) 택주(澤州)를 현(現) 난하(灤河) 유역에 비정했으나, 옛 고북구(古北口)에서 불과 190리(里) 정도 떨어져 있는 택주(澤州)가 현(現) 난하(灤河) 유역에 위치했을 가능성은 없다.

'사서(史書)의 거리는 고대도로의 길이' 임을 명심해야 한다.

'토목기술의 발달로 도로 길이가 가장 획기적으로 단축된 구간은 터널이 뚫리거나 골짜기를 가로지르는 교량이 건설된 산악지대이다.

고대도로는 수레 이동을 목적으로 설계되어, 경사를 오르내리는 힘이 약한 수레의 특성상 '之'자 형태로 경사면을 따라 오르락내리락하는 구조를 가진다.

따라서 산악지대 고대도로의 실제 거리는 직선 거리의 수십 배에 이를 수 있다.

반면, 자동차 이동을 목적으로 설계된 현대도로는 터널이나 교량을 통해 산악 지형을 횡단하며, 동일 구간의 직선거리와 큰 차이가 없다.

터널이나 교량이 없는 구간도, 현대도로는 고대도로보다 곡선율이 훨씬 낮다.

게다가 현대도로는 자동차의 원활한 주행을 위해 시멘트나 아스팔트로 평탄하게 포장되고, 도로의 높낮이를 최소화하며, 최대한 직선화되어 도로 길이를 줄인다.

따라서 특히 산악지대에서 현대도로의 길이는 고대도로에 비해 획기적으로 단축될 수밖에 없다.'[출처: 동북아고대사정립(東北亞古代史正立) 4, P. 107]

산악지대에 놓인 고대도로의 특성을 고려할 때, 당장성(唐長城)에 인접한 택주(澤州)의 유하관(柳河館)과 중경(中京) 사이의 460리(里) 여정은 실제 직선거리가 그리 멀지 않다는 점을 알 수 있다.

한편, 상거란사(上契丹事)의 기록 중 오난하(烏灤河)와 난주(灤州)의 등장으로 인해 이 여정이 현(現) 난하(灤河)를 건넌 것으로 오인될 수 있다.

그러나 여기서 오난하(烏灤河)는 옛 난하(灤河), 즉 현(現) 조백하(潮白河) 유역에 속한 하천이며, 본 연구자는 옛 난하(灤河)가 흐르는 난주(灤州)를 현(現) 조백하(潮白河) 유역으로 비정하고 있다.

3. 타조부락관(打造部落館)의 위치

타조부락관(打造部落館)의 위치를 연구하는 이유는, 천진시(天津市) 북부의 산악지대로 비정한 당장성(唐長城)의 출구인 옛 송정관(松亭關)을 기준으로, 중경대정부(中京大定府)에 이르는 여정의 방향이 북서쪽인지 북동쪽인지를 확인하기 위함이다.

> 학설 252) 에 의하면
>
> 요(遼) 연경(燕京)은 당(唐) 기준척(基準尺)으로 현(現) 낙양성(洛陽城) 동북 1,684리(里) 지점에 위치한다.

동북아고대사정립 3의 학설 152) 에 의하면

> 당(唐) 동도(東都) 낙양(洛陽)에서 연경(燕京)과 송정관(松亭關)을 거쳐가는 여정에는 요(遼) 중경(中京)이 낙양(洛陽)에서 2,734리(里) 지점에 위치한다.
> 송정관(松亭關)과 요(遼) 중경(中京) 간 거리는 600리(里)이다.

무경총요(武經總要)에 의하면 연경(燕京)에서 송정관(松亭關)까지는 450리(里)이다.

무경총요(武經總要)는 북송(北宋)의 병서(兵書)이므로, 이 책의 1리(里)는 당(唐) 1리(里)와 같다.

상거란사(上契丹事)에 의하면 연경(燕京)에서 고북구(古北口)까지는 300리(里), 고북구(古北口)에서 타조부락관(打造部落館)까지는 260리(里), 타조부락관(打造部落館)에서 중경(中京)까지는 390리(里)이다.

연경(燕京)에서 중경(中京)에 이르는 여정 중, 송정관(松亭關)을 거쳐가는 여정과 고북구(古北口)를 거쳐가는 여정은 모두 송정령(松亭嶺)을 넘어야 하며, 이후 타조부락관(打造部落館)에서 중경(中京)에 이르는 여정은 같다.

송정관(松亭關)을 거쳐가는 여정을 [표 1], 고북구(古北口)를 거쳐가는 여정을 [표 2]라 칭한다.

[표 1] 무경총요(武經總要)와 상거란사(上契丹事)에 의하면

낙양성 (洛陽城)	연경 (燕京)	송정관 (松亭關)	송정령 (松亭嶺)	타조부락관 (打造部落館)	중경대정부 (中京大定府)
➡	1,684리(里)	2,134리(里)	➡	2,344리(里)	2,734리(里)

[표 2] 상거란사(上契丹事)에 의하면

낙양성 (洛陽城)	연경 (燕京)	고북구 (古北口)	송정령 (松亭嶺)	타조부락관 (打造部落館)	중경대정부 (中京大定府)
➡	1,684리(里)	1,984리(里)	➡	2,244리(里)	2,634리(里)

연경(燕京)·고북구(古北口)·타조부락관(打造部落館)·송정관(松亭關)을 선분으로 연결하면 사각형이 형성된다.

이 사각형의 4개 선분은 북송(北宋) 시기의 고대도로이며, 각 도로의 길이는 정사서(正史書)에 명확히 기록되어 있다.

동북아고대사정립 3의 학설 154 에 의하면

> 고북구(古北口)는 연경성(燕京城) 북쪽 300리(里) 지점에 위치하며,
> 송정관(松亭關)은 연경성(燕京城) 정동(正東)에서 약간 북쪽에 위치한다.
> 당장성(唐長城)은 고북구(古北口)에서 송정관(松亭關)까지 서쪽에서 동쪽 방향이 아니라 동남쪽 방향으로 축성된 장성이다.

당장성(唐長城)은 연경(燕京) 북쪽 300리(里) 지점의 고북구(古北口)에서, 연경(燕京) 동쪽 450리(里) 지점의 송정관(松亭關)까지 동남 방향으로 축성되었기 때문에, 송정관(松亭關) 북쪽에 위치한 타조부락관(打造部落館)은 고북구(古北口)보다 동쪽에 위치한다.

[표 1]에 의하면 송정관(松亭關)에서 북쪽 방향으로 송정령(松亭嶺)을 지난 후 도달하는 첫 번째 관(館), 즉 타조부락관(打造部落館)까지는 210리(里)이다.

[표 2]에 의하면 고북구(古北口)에서 동쪽 방향으로 송정령(松亭嶺)을 지난 후 도달하는 첫 번째 관(館), 즉 타조부락관(打造部落館)까지는 260리(里)이다.

여기서 하나의 문제를 설정하기 위해 사각형의 밑변을 연경(燕京)에서 송정관(松亭關)까지로 가정해 보자.

1. 밑변의 길이는 450리(里)이다.

2. 밑변의 기점(起點)에서 북쪽 꼭짓점인 고북구(古北口)까지는 300리(里)이다.

3. 밑변의 종점(終點)에서 또 다른 북쪽 꼭짓점인 타조부락관(打造部落館)까지는 210리(里)이다.

4. 윗변의 길이는 260리(里)이다.

그렇다면, 송정관(松亭關)에서 수직선을 그었을 때, 타조부락관(打造部落館)은 이 수직선의 어느 방향에 위치할까?

수학적으로 분석해 보면, 상거란사(上契丹事)에 기록된 타조부락관(打造部落館)은 송정관(松亭關)의 정북 방향보다는 서쪽에 치우쳐 위치하고 있음을 알 수 있다.

[표 1]과 [표 2]에 의하면 타조부락관(打造部落館)과 중경대정부(中京大定府) 간 거리는 390리(里)이다.

390리(里) 중 290리(里)는 험난한 산악지대이고, 산악지대를 벗어나면 바로 중경대정부(中京大定府)이다.

따라서 중경대정부(中京大定府) 또한 송정관(松亭關)의 정북 방향보다는 서쪽에 치우쳐 위치한 것으로 짐작할 수 있다.

동북아고대사정립 3의 학설 155) 에 의하면

> 송(宋) 시기, 고북구(古北口) 남쪽 300리(里) 지점에 위치한 연경성(燕京城)을 기준으로 정동(正東)에서 약간 북쪽에 위치한 송정관(松亭關)까지의 거리가 450리(里)라면, 송정관(松亭關)은 천진시(天津市) 북부 지역을 벗어날 수 없다.
> 따라서 송(宋) 시기까지의 송정관(松亭關)은 현(現) 천진시(天津市) 북부 지역에 위치했다.

당장성(唐長城)의 동북방 출구인 옛 송정관(松亭關)은 현(現) 천진시(天津市) 북부 지역에 위치하며, 옛 송정관(松亭關) 정북(正北)에서 서쪽에 위치한 타조부락관(打造部落館)과 중경대정부(中京大定府)는 현(現) 난하(灤河) 동쪽에 위치할 수 없다.

> 학설 256)
> 상거란사(上契丹事)에 기록된 타조부락관(打造部落館)과 중경대정부(中京大定府)는 옛 송정관(松亭關) 정북(正北)에서 서쪽에 위치한다.
> 옛 송정관(松亭關)은 천진시(天津市) 북부 지역에 위치하기 때문에 타조부락관(打造部落館)과 중경대정부(中京大定府)는 현(現) 난하(灤河) 동쪽에 위치할 수 없다.

4. 설영(薛映)의 중경(中京)에서 상경(上京)까지의 여정 연구

[표 2] 상거란사(上契丹事)에 의하면

낙양성 (洛陽城)	연경 (燕京)	고북구 (古北口)	송정령 (松亭嶺)	타조부락관 (打造部落館)	중경대정부 (中京大定府)
➡	1,684리(里)	1,984리(里)	➡	2,244리(里)	2,634리(里)

설영기(薛映記)에 의하면 중경대정부(中京大定府)에서 580리(里) 지점에 상경임황부(上京臨潢府)가 위치하고 있다.

현(現) 낙양성(洛陽城)에서 출발하여 연경(燕京)과 고북구(古北口)를 거쳐가는 여정으로 3,214리(里) 지점이다.

이 여정을 표(表)로 정리하여 [표 3]이라 칭한다.

[표 3] 상거란사(上契丹事)와 설영기(薛映記)에 의하면

낙양성 (洛陽城)	연경 (燕京)	고북구 (古北口)	중경대정부 (中京大定府)	상경임황부 (上京臨潢府)
➡	1,684리(里)	1,984리(里)	2,634리(里)	3,214리(里)

[표 3]은 제(第) 3 절(節)에서 '**고대도로 단축률 연구**' [출처: 동북아고대사정립(東北亞古代史正立) 4, P. 95]에 사용될 것이다.

설영기(薛映記)에 의하면 설영(薛映)은 중경(中京) ➡ 송산관(松山館) ➡ 숭신관(崇信館) ➡ 광녕관(廣寧館) ➡ 요가채관(姚家寨館) ➡ 함녕관(咸寧館) ➡ 황수석교(潢水石橋) ➡ 보화관(保和館) ➡ 선화관(宣化館) ➡ 장태관(長泰館) ➡ 상경(上京)의 여정을 거쳤다.

설영기(薛映記)에 의하면 중경(中京)에서 정북(正北)으로 80리(里)를 가면 송산관(松山館)에 이르고, 송산관(松山館)에서 다시 70리(里)를 가면 숭신관(崇信館)에 이른다.

중경(中京) 북쪽 150리(里) 지점의 숭신관(崇信館)은 현(現) 낙양성(洛陽城)에서 2,784리(里) 지점에 위치한다.

설영기(薛映記)에는 '숭신관(崇信館)에서 광녕관(廣寧館)으로 가는 90리(里) 여정 중, 숭신관(崇信館)을 지나면서부터 거란(契丹)의 땅이 시작되며, 그 남쪽은 해(奚)의 땅'이라고 기록되어 있다.

이는 당장성(唐長城)에서 숭신관(崇信館) 일대까지가 해국(奚國)의 영토였고, 그 북쪽은 거란(契丹)의 영토였음을 의미한다.

신당서지리지(新唐書地理志)에 수록된 가탐도리기(賈耽道里記)에도 '영주(營州) 서북쪽 100리(里) 지점에 위치한 송형령(松陘嶺)을 중심으로 서쪽에는 해(奚), 동쪽에는 거란(契丹)이 있다'고 기록되어 있다.

현(現) 낙양성(洛陽城)에서 고북구(古北口)를 거쳐가는 여정에는 2,784리(里) 지점〈숭신관(崇信館)〉과 2,874리(里) 지점〈광녕관(廣寧館)〉 사이에 송형령(松陘嶺)이 위치하고 있는 것이다.

령(嶺)을 사이에 두고 숭신관(崇信館)과 광녕관(廣寧館) 간 거리는 90리(里)이며, 령(嶺)을 사이에 둔 지형의 특성상 두 관(館)은 송형령(松陘嶺)으로부터 각각 약 45리(里) 떨어져 있다.

따라서 송형령(松陘嶺)은 2,829리(里) 전후 지점에 위치한다고 볼 수 있다.

[표 4] 상거란사(上契丹事), 설영기(薛映記), 가탐도리기(賈耽道里記)에 의하면

낙양성(洛陽城)	연경(燕京)	고북구(古北口)	중경대정부(中京大定府)	송형령(松陘嶺)	상경임황부(上京臨潢府)
➡	1,684리(里)	1,984리(里)	2,634리(里)	2,829리(里) 전후	3,214리(里)

해(奚)·거란(契丹)·영주(營州)가 연결되는 통로인 송형령(松陘嶺)을 기준으로 기록을 재배치하면 다음과 같다.

1. 송형령(松陘嶺)은 현(現) 낙양성(洛陽城) 동북 2,829리(里) 전후 지점에 위치하며, 그 동북쪽 385리(里) 전후 지점에 상경(上京)이 있다.

2. 송형령(松陘嶺) 동남쪽 100리(里) 지점에 당(唐) 영주(營州)가, 서남쪽 195리(里) 전후 지점에 중경(中京)이 위치한다.

낙양(洛陽)과 중경(中京) 간 거리는 상거란사(上契丹事)에 의하면 2,634리(里)이다.

한편, 낙양(洛陽)과 영주(營州) 간 거리는 구당서지리지(舊唐書地理志)에 의하면 2,910리(里)이다.

중경(中京)에서 송형령(松陘嶺)〈2,829리(里) 전후〉을 지나, 다시 동남쪽으로 100리(里)를 가는 여정을 택했다면, 낙양(洛陽)과 영주(營州) 간 거리는 2,929리(里) 전후가 된다.

하지만 송형령(松陘嶺)을 거치지 않고 중경(中京)에서 영주(營州)로 직행하는 276리(里) 길이의 고대도로가 존재했기 때문에, 19리(里)가 단축된 2,910리(里)의 여정이 가능했던 것이다.

중경(中京) · 송형령(松陘嶺) · 영주(營州)를 선분으로 연결하면 삼각형이 형성되는데, 이때 중경(中京)과 영주(營州) 간 276리(里) 길이의 고대도로는 서남에서 동북으로 놓여있다.

따라서 중경(中京)은 영주(營州) 서남쪽 276리(里) 지점에 위치한다.

당(唐) 영주(營州)는 현(現) 난하(灤河) 서쪽에 위치하므로, 요(遼) 중경(中京) 또한 현(現) 난하(灤河) 서쪽에 위치했음을 알 수 있다.

> **학설 257)**
> 요(遼) 중경(中京)은 당(唐) 영주(營州) 서남쪽 276 리(里) 지점에 위치한다.
> 당(唐) 영주(營州)는 현(現) 난하(灤河) 서쪽에 위치하므로, 요(遼) 중경(中京) 또한 현(現) 난하(灤河) 서쪽에 위치한다.

第 3 節
상거란사(上契丹事)와 설영기(薛映記)의 기록 연구 검증

[표 3] 상거란사(上契丹事)와 설영기(薛映記)에 의하면

낙양성 (洛陽城)	연경 (燕京)	고북구 (古北口)	중경대정부 (中京大定府)	상경임황부 (上京臨潢府)
➡	1,684리(里)	1,984리(里)	2,634리(里)	3,214리(里)

[고대도로 단축률 연구 1]

요(遼) 중경(中京)과 상경(上京) 간 고대도로의 길이는 580리(里), 즉 324.7km〈580×559.8m〉이다.

통설(通說)에 의하면 요(遼) 중경(中京)은 현(現) 적봉시(赤峰市) 영성현(寧城縣)이며, 요(遼) 상경(上京)은 현(現) 통요시(通遼市) 파림좌기(巴林左旗)이다.

구글맵(Google Map)에 의하면 현(現) 영성현(寧城縣)과 파림좌기(巴林左旗) 간 구글(Google) 최단거리도로(最短距離道路)의 길이는 336.0km이다.

'구글(Google) 최단거리도로(最短距離道路)의 길이가 고대도로의 1.035배'라는 불가능한 데이터가 나왔기 때문에 요(遼) 중경(中京)과 상경(上京)이 각각 현(現) 영성현(寧城縣)과 파림좌기(巴林左旗)일 가능성은 수학적으로 불가능하다.

> **학설 258)**
> '고대도로 단축률 연구'에서 요(遼) 중경(中京)과 상경(上京)을 현(現) 영성현(寧城縣)과 파림좌기(巴林左旗)로 대입한 결과, '2021년, 구글(Google) 최단거리도로(最短距離道路)의 길이가 고대도로의 1.035배'라는 결과는 불가능하다.
> 따라서 요(遼) 중경(中京)과 상경(上京)이 각각 현(現) 영성현(寧城縣)과 파림좌기(巴林左旗)일 가능성은 수학적으로 불가능하다.

[고대도로 단축률 연구 2]

현(現) 낙양성(洛陽城)과 중경(中京) 간 고대도로의 길이는 2,634리(里), 즉 1,474.5km〈2,634×559.8m〉이다.

통설(通說)에 의하면 중경(中京)은 현(現) 적봉시(赤峰市) 영성현(寧城縣)이다.

구글맵(Google Map)에 의하면 현(現) 낙양성(洛陽城)과 현(現) 영성현(寧城縣) 간 구글(Google) 최단거리도로(最短距離道路)의 길이는 1,224.0km이다.

'현(現) 낙양성(洛陽城)과 중경(中京) 간 고대도로의 길이를 17.0% 단축시켰다'는 결과가 나왔는데, 10%대의 단축률은 기점(起點)과 종점(終點) 사이에 산악지대가 없거나, 황제의 도성 주변 고대도로가 현대도로로 개선되었을 때에 나타나는 수치이다.

구글맵(Google Map)에 의하면 구글(Google) 최단거리도로(最短距離道路)는 현(現) 하북성(河北省) 동북부 지역의 넓은 산악지대를 통과하고 있다.

예컨대, 현(現) 낙양성(洛陽城)에서 북경시(北京市) 중심지까지는 산악지대가 없어 10%대의 단축률이 가능하지만, 북경시(北京市) 산악지대를 지나 외곽으로 뻗어나간 고대도로는 급격히 단축률이 증가하기 때문에, 전체적으로는 30% 전후의 단축률이 나와야 '수학적으로 가능하다'고 볼 수 있다.

따라서 '현(現) 영성현(寧城縣)에 요(遼) 중경(中京)이 위치했다'는 한중일학계(韓中日學界)의 통설(通說)은 수학적으로 불가능하다.

> **학설 259)**
> '고대도로 단축률 연구'에서 낙양성(洛陽城)과 중경(中京) 간 모델에 현(現) 영성현(寧城縣)을 대입한 결과, '구글(Google) 최단거리도로(最短距離道路)의 길이가 고대도로 대비 17.0% 단축되었다'는 결과는 불가능하다.
> 따라서 '현(現) 영성현(寧城縣)에 요(遼) 중경(中京)이 위치했다'는 한중일학계(韓中日學界)의 통설(通說)은 수학적으로 불가능하다.

[고대도로 단축률 연구 3]

현(現) 낙양성(洛陽城)과 상경(上京) 간 고대도로의 길이는 3,214리(里), 즉 1,799.2km〈3,214×559.8m〉이다.

통설(通說)에 의하면 상경(上京)은 현(現) 내몽고자치구(內蒙古自治區) 통요시(通遼市) 파림좌기(巴林左旗)이다.

구글맵(Google Map)에 의하면 현(現) 북경시(北京市)를 관통하는 현(現) 낙양성(洛陽城)과 현(現) 파림좌기(巴林左旗) 간 구글(Google) 최단거리도로(最短距離道路)의 길이는 1,465.0km이다.

'현(現) 낙양성(洛陽城)과 상경(上京) 간 1,000년 전 고대도로의 길이를 18.6% 단축시켰다'는 결과가 나왔다.

고대도로 단축률 연구 2 에서 밝힌 바와 같이, 10%대의 단축률은 기점(起點)과 종점(終點) 사이에 산악지대가 없거나, 황제의 도성 주변 고대도로가 현대도로로 개선되었을 때에 나타나는 수치이다.

게다가, 이번 연구에서 구글(Google) 최단거리도로(最短距離道路)는 현(現) 하북성(河北省) 동북부 지역의 넓은 산악지대를 관통했다.

따라서 '현(現) 통요시(通遼市) 파림좌기(巴林左旗)에 요(遼) 상경(上京)이 위치했다'는 한중일학계(韓中日學界)의 통설(通說)은 수학적으로 불가능하다.

> **학설 260)**
> '고대도로 단축률 연구'에서 낙양성(洛陽城)과 상경(上京) 간 모델에 현(現) 파림좌기(巴林左旗)를 대입한 결과 '구글(Google) 최단거리도로(最短距離道路)의 길이가 고대도로 대비 18.6% 단축되었다'는 결과는 불가능하다.
> 따라서 '현(現) 통요시(通遼市) 파림좌기(巴林左旗)에 요(遼) 상경(上京)이 위치했다'는 한중일학계(韓中日學界)의 통설(通說)은 수학적으로 불가능하다.

第4節
요(遼) 중경(中京)과 상경(上京)의 위치 연구 결과

본 연구는 '요(遼) 중경(中京)은 현(現) 적봉시(赤峰市) 영성현(寧城縣)에 위치하고, 요(遼) 상경(上京)은 현(現) 통요시(通遼市) 파림좌기(巴林左旗)에 위치한다'는 통설(通說)이 수학적으로 가능한지를 검증하여 다음과 같은 연구 결과를 도출하였다.

1. 연경(燕京)에서 당시의 고북구(古北口)를 거쳐 중경(中京)에 이르는 여정은 당시의 송정관(松亭關)을 거쳐 중경(中京)에 이르는 여정보다 짧았기 때문에, 중경(中京)은 현(現) 북경시(北京市) 내에 위치한 연경(燕京) 북쪽에서 살짝 동쪽으로 기운 방향에 위치했다.

2. 현(現) 조백하(潮白河)가 흐르는 곳에서 3개의 령(嶺)을 넘은 곳에 부곡관(富穀館)이 있었다.

   이러한 부곡관(富穀館)에서 100리(里) 떨어진 곳에 위치한 요(遼) 중경(中京)은, 현(現) 난하(灤河) 동쪽에 위치할 수 없다.

   요(遼) 중경(中京)의 직할지가 위치한 곳은 북경시(北京市) 동북부 산악지대를 벗어난 지역으로, 현(現) 승덕시(承德市) 서남부 지역에 해당한다.

3. 요(遼) 중경(中京)과 상경(上京)을 현(現) 영성현(寧城縣)과 파림좌기(巴林左旗)로 대입한 결과, '중경(中京)과 상경(上京) 간 1,000년 전 고대도로가 현대도로로 바뀌면서 오히려 1.035배로 더 길어졌다'는 결과는 불가능하다.

   따라서 요(遼) 중경(中京)과 상경(上京)이 각각 현(現) 영성현(寧城縣)과 파림좌기(巴林左旗)일 가능성은 수학적으로 불가능하다.

4. 요(遼) 중경(中京)을 현(現) 영성현(寧城縣)으로 대입한 결과, '현(現) 낙양성(洛陽城)과 중경(中京) 간 1,000년 전 고대도로의 길이를 17.0% 단축시켰다'는 결과는

불가능하다.

따라서 '현(現) 영성현(寧城縣)에 요(遼) 중경(中京)이 위치했다'는 한중일학계(韓中日學界)의 통설(通說)은 수학적으로 불가능하다.

5. 요(遼) 상경(上京)을 현(現) 파림좌기(巴林左旗)로 대입한 결과, '현(現) 낙양성(洛陽城)과 상경(上京) 간 1,000년 전 고대도로의 길이를 18.6% 단축시켰다는 결과는 불가능하다.

따라서 '현(現) 통요시(通遼市) 파림좌기(巴林左旗)에 요(遼) 상경(上京)이 위치했다'는 한중일학계(韓中日學界)의 통설(通說)은 수학적으로 불가능하다.

참고문헌

요사(遼史) 〈탈탈(脫脫)〉

신당서(新唐書) 〈구양수(歐陽修) 등〉

구당서(舊唐書) 〈유후(劉煦) 등〉

무경총요(武經總要) 〈증공량(曾公亮) 등〉

중국역사지명대사전(中國歷史地名大辭典, 鹽英哲, 凌雲書房, 1980)

구글맵(Google Map, https://www.google.co.kr)

동북아고대사정립(東北亞古代史正立) 1 〈김석주(金錫柱)〉

동북아고대사정립(東北亞古代史正立) 2 〈김석주(金錫柱)〉

동북아고대사정립(東北亞古代史正立) 3 〈김석주(金錫柱)〉

동북아고대사정립(東北亞古代史正立) 4를 마치며

고구려 멸망 이전에 편찬된 사서들에는 왕험성(王險城)과 장수왕평양성(長壽王平壤城)이 난하 동쪽 유역에, 보장왕평양성(寶臧王平壤城)이 요하 동쪽 유역에 위치한 것으로 기록되어 있습니다.

그러나 고구려 멸망 이후에 편찬된 사서들에는 고조선과 고구려의 영토에 대한 왜곡된 서술이 혼재되어 있습니다.

게다가, 한중일학계(韓中日學界)의 통설은 '패수(浿水) 동쪽에 만리장성의 동단이 있고, 그 동쪽에 대요수가 있으며, 다시 그 동쪽에 패수(浿水)가 있다'는 논리적 모순의 무한루프에 빠져 있습니다.

이러한 결함들이 보이지 않는다면, 고대 사서에 대한 이해가 아직 부족한 것일 수 있습니다.

필자는 고대 사서를 읽고 이해하는 데 얼마나 많은 노력이 필요한지를 절감했습니다.

이에 후학들을 돕고자 핵심 내용을 정리했고, 그 결과 동북아고대사정립 1~3에서 200개의 학설을 제시하며, 기존의 많은 통설들이 역사적 사실이 아님을 논증했습니다.

그러나 원문 중심의 복합적 추론에 집중한 결과, 고대 사서에 익숙하지 않은 독자에게는 이해가 어려웠을 수 있습니다.

이에 동북아고대사정립 4에서는 고대사에 입문하는 일반 독자를 위해, 사료를 동원한 논증이 아닌 수학적 접근을 통해 과학적인 논증을 시도하였습니다.

이러한 방식은 학자들뿐 아니라 일반 독자들 또한 필자의 논증을 직접 검토하고 검증할 수 있게 합니다.

필자가 제시한 학설들은 참과 거짓으로 판별되기를 바랍니다.

역사적 사실은 오직 하나이기 때문입니다.

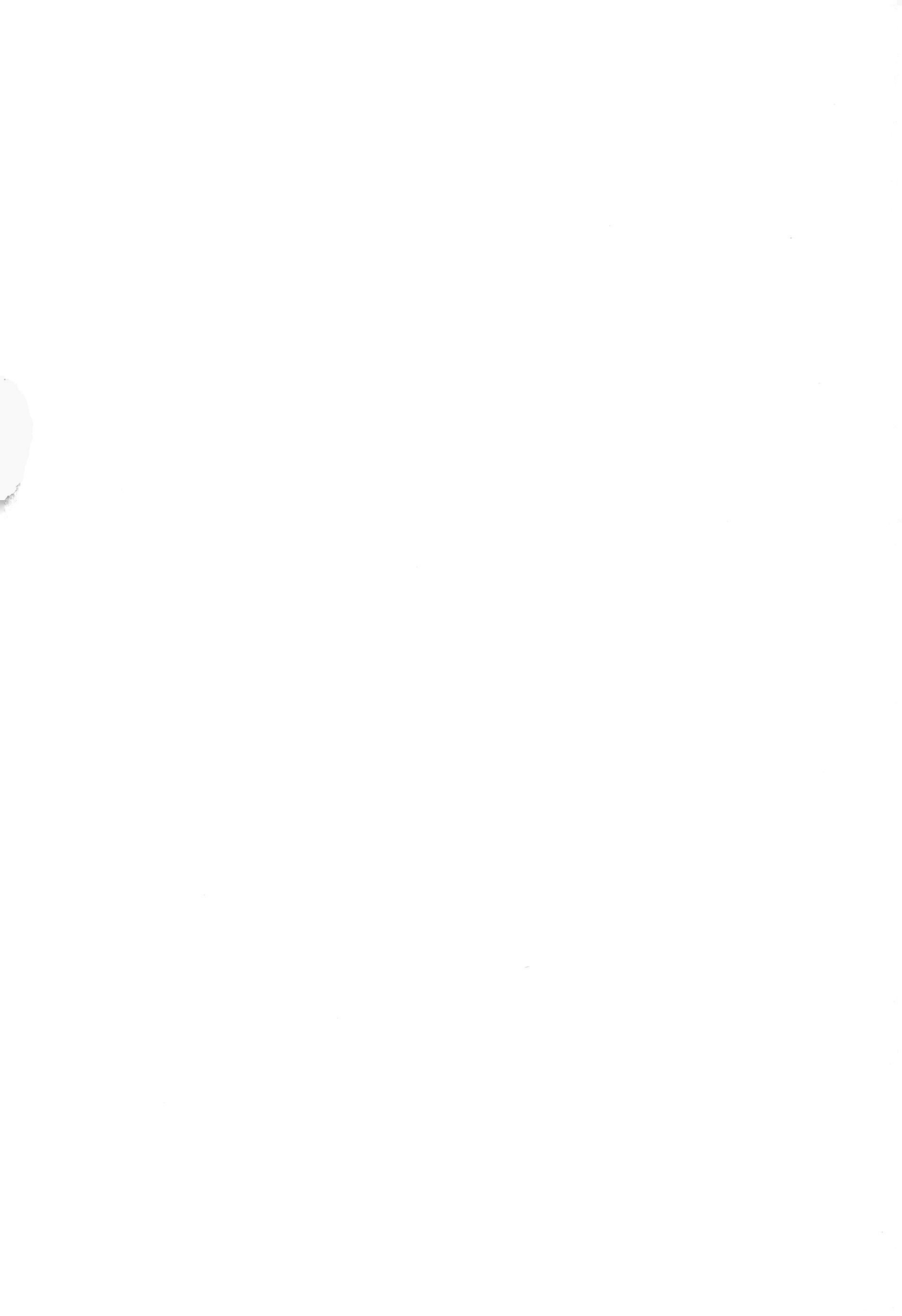

동북아고대사정립 4

초판 1쇄 발행 2025년 9월 20일

지 은 이   김석주
발 행 처   동북아고대사정립
펴 낸 이   김석주
편집·표지디자인   (주)카리스북

주   소   경기도 파주시 심학산로 423번길 21-9, 202호(목동동)
출판등록   제2023-000072호
연 락 처   카카오톡 ID: sukju69
이 메 일   benjamin797979@naver.com
홈페이지   http://upright.kr

ISBN 979-11-983791-3-9(03910)
값 18,000원

ⓒ 김석주, 2025
이 책은 저작권법에 의해 보호를 받는 저작물이므로 저자와 출판사의 허락 없이 내용의 일부를 인용하거나 발췌하는 것을 금합니다.